Rudolf Hauke

Der fremde Tropfen in meinem Blut

Bibliografische Information der Deutschen Nationalbibliothek
Die Deutsche Nationalbibliothek verzeichnet diese Publikation in der
Deutschen Nationalbibliografie; detaillierte bibliografische Daten
sind im Internet über http://dnb.d-nb.de abrufbar.

Rudolf Hauke
Der fremde Tropfen in meinem Blut
Die Geschichte einer erfolgreichen Therapie bei einer Krebserkrankung

Berlin: Pro BUSINESS 2015

ISBN 978-3-86460-329-7

1. Auflage 2015

© 2015 by Pro BUSINESS GmbH
Schwedenstraße 14, 13357 Berlin
Alle Rechte vorbehalten.
Produktion und Herstellung: Pro BUSINESS GmbH
Gedruckt auf alterungsbeständigem Papier
Printed in Germany
www.book-on-demand.de

Rudolf Hauke

Der fremde Tropfen in meinem Blut

Die Geschichte einer erfolgrcichen Therapie
bei einer Krebserkrankung

Krebs ist eine Diagnose, die den daran Erkrankten in voller Härte und meistens unvorbereitet trifft, seine Angehörigen mit tiefer Sorge erfüllt, die Freunde und Kollegen ratlos lässt, ob und wie sie ihm helfen bzw. überhaupt darüber reden können. Den Autor trifft die Diagnose eines Non-Hodgkin-Lymphoms nicht ganz unvorbereitet, da er sie bereits zum dritten Mal gestellt bekommt. Aus diesem Grund ist er auch fest entschlossen, den Krebs nun endgültig loszuwerden und trifft daher konsequente Entscheidungen, die ihm helfen, sich vollständig auf den Therapieplan zu konzentrieren, d. h. er verabschiedet sich vorläufig aus seinem Berufsleben, wechselt den Wohnort und empfängt auch keine Besuche.

Zugleich vertraut er sein nunmehr fragil gewordenes Leben einem Gesundheitssystem an, das ihm zwar keine Liebe und Freundschaft ersetzen kann, dafür aber exzellent ausgebildete und erfahrene Ärzte, gut geschultes freundliches Pflegepersonal, ausgereifte Medizintechnik und erstklassige Medikamente zu bieten hat. Und in den Momenten seiner schlimmsten Schmerzen, wo er infolge der Chemotherapie von Fieber, Übelkeit und Durchfall derart geplagt wird, dass er kaum noch einen klaren Gedanken fassen kann, in solchen Momenten also, wo er vollständig auf sein leibhaftes Sein reduziert ist, dankt er diesem oft als veraltet, bürokratisch und überteuert kritisiertem System als einem Kulturgut, ohne das die Zivilisation ihren Namen nicht verdient, insofern sie sich stets an der Qualität ihrer

Pflege zu messen hat, die zum Beginn und zum Ethos jeder Kultur gehört.

So gesehen ist es durchaus von Bedeutung, dass der Autor viele Jahre lang Co-Vorstand der Kaufmännischen Krankenkasse war und daher seine Erkrankung, die Therapie und den Klinikalltag auch aus dieser allgemeinen Sicht auf das Gesundheitssystem beschreibt, ohne mit Kritik aber auch nicht mit Anerkennung zu sparen.

Sein Buch enthält die Tagebuchaufzeichnungen aus der halbjährigen Kernphase von Diagnose und Therapie sowie einen Ausblick auf den weiteren Heilungsverlauf.

Für jedes verkaufte Buch ergeht eine Spende an den Verein für krebskranke Kinder in Hannover.

Inhalt

I. Vorwort

Zum ersten Mal erhielt ich die Diagnose Krebs im Jahr 2001. Damals war mir noch nicht bekannt, dass es ein Non-Hodgkin-Lymphom gibt und worum es sich dabei handelt. Inzwischen weiß ich, dass es eine seltene Erkrankung ist und die Medizin unter diesem Begriff verschiedene Krebserkrankungen zusammenfasst, die ganz unterschiedlich verlaufen können. Allen gemeinsam ist, dass sie in bestimmten Zellen im lymphatischen System ihren Ursprung haben – den Lymphozyten. Die Lymphknoten sind am häufigsten betroffen. Da das lymphatische System über den gesamten Körper verteilt ist, kann ein Non-Hodgkin-Lymphom überall im Körper auftreten.

Im ersten Augenblick, als mir 2001 die Diagnose gestellt wurde, glaubte ich innerhalb von Wochen sterben zu müssen, denn zu dieser Zeit war ein Freund von mir acht Wochen nach der Diagnose an Darmkrebs verstorben. Bei mir hatte es damals mit Kniebeschwerden begonnen, die mehrere Monate lang als Sportverletzung diagnostiziert und behandelt wurden. Erst die Kernspintomografie und eine Biopsie führten dann zur richtigen Diagnose. Es war mir jedoch gelungen, der Krankheit zu widerstehen. Ich hatte hervorragende ärztliche Begleitung durch die Medizinische Hochschule Hannover. Chemotherapie und Bestrahlung vertrug ich so gut, dass ich auch während der Therapie arbeiten und fast normal leben konnte.

Es heißt, dass fünf Jahre nach der Remission von einer vollständigen Heilung ausgegangen werden kann und somit wieder das gleiche Risiko wie bei jedem anderen besteht, an Krebs zu erkranken. So war es auch bei mir. Ich hatte die Zeit der Therapie, die Aufenthalte in der Tagesklinik, die Medikamentengabe und die Chemo, die häufigen Bestrahlungstermine, die ein Jahr lang immer wieder in der Tagesklinik gegebenen Infusionen zum Knochenaufbau, die Gedanken, Bedenken und Ängste zwar nicht vergessen, sie waren aber schon weit in den Hintergrund getreten. Auch dass ich in der Zeit der Therapie keine Haare hatte und mich außerhalb meines Hauses nur mit einer Kappe bewegte, war bereits fast vergessen.

Doch dann, neun Jahre später, entdeckte ich plötzlich im Oktober 2010 von heute auf morgen Knoten seitlich am Hals. Nach einer Phase des „Nicht-wahr-haben-wollens" wurden diese operativ entfernt. Nach vielen Tagen der Untersuchung in der Pathologie wurde ein Rezidiv festgestellt. Erneut durchlief ich die komplette Prozedur: Chemo in der Tagesklinik, Bestrahlung, Haarausfall und Glatze. Und wieder habe ich die Therapie so gut vertragen, dass ich fast normal arbeiten und leben konnte. Nur war ich diesmal „mutiger" und habe mich mit Glatze auch in der Öffentlichkeit gezeigt. Überhaupt ging ich mit meiner Krankheit nun offensiver um und habe diese auch kundgetan.

Als Vorstand der Kaufmännischen Krankenkasse steht man jeden Tag „auf der Bühne", absolviert sowohl interne Termine und Sitzungen, als auch öffentliche

Veranstaltungen, bei denen man mit vielen Menschen zusammenkommt und etliche Hände schüttelt. Trotz meines durch die Chemo angeschlagenen Immunsystems habe ich mich jedoch stets so stark gefühlt, daran keine Abstriche vornehmen zu müssen – und so war es auch. Außerdem half mir etwas, das es heute nur noch selten im Arbeitsleben gibt: In unserem Zweiervorstand und auch vom Verwaltungsrat genoss ich äußerstes Vertrauen und Unterstützung, was mir sehr geholfen hat. Ich wusste immer, dass mir mein Vorstandskollege unterstützend zur Seite steht, wenn ich einen Termin oder eine Sitzung nicht wahrnehmen konnte.

Ja und so habe ich auch diese zweite Erkrankung überstanden oder besser gesagt besiegt. Ergänzend ist anzumerken, dass ich immer, bei jeder Erkrankung, versucht habe, weiterhin Sport zu treiben, d. h. zu laufen – natürlich nur so viel, wie der Körper es zugelassen hat, der, je länger die Therapie dauerte, umso geschwächter war. Aber es hat mir stets gut getan.

Vier Jahre liegt diese zweite Erkrankung nun zurück und in der Zwischenzeit ist viel geschehen. Es kam zur Trennung von meiner langjährigen Ehefrau, doch ich lebe heute in einer neuen glücklichen Beziehung. Die Krankheit war schon längst wieder in den Hintergrund getreten, das Leben sehr intensiv und schön, und das sowohl beruflich, als auch privat, bei teilweisem Pendeln am Wochenende zwischen Hannover und München.

Als die Krankheit dann zum dritten Mal auftrat, wusste ich, dass ich mich aufgrund einer viel intensiveren Therapie und Eigen-Stammzelltransplantation vollständig zurückziehen will und muss. Und so ist die Idee entstanden, diesmal alles aufzuschreiben, nicht um für mich selbst alles aufzuarbeiten, sondern um den vielen Menschen, die sich dafür interessieren, Einblick zu geben in das, was bei einer derartigen Therapie alles mit einem passiert und welche Gedanken einen umtreiben.

Die Namen in diesem Buch sind überwiegend frei erfunden und es handelt sich um kein medizinisches Fachbuch, sondern um die Geschichte meines subjektiven Empfindens und Wahrnehmens sowie meines erworbenen Wissens als Patient.

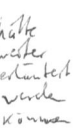
hätte
weiter
erlauter
verde
Könnte

II. Vor der Therapie

10. September

Es ist Abend und dämmert schon. Wir sind mit 200 km/h unterwegs auf der Rückfahrt von Berlin nach Hannover. Herr Bade fährt wie immer ruhig und sicher. Ich lege die Akten zur Seite und frage: „Herr Bade, wo sind wir denn?" „Wir sind schon kurz hinter Braunschweig. Wenn wir gut durch die Baustelle kommen, sind Sie in einer halben Stunde zu Hause", sagt mir Herr Bade, lächelt und blickt kurz über den Rückspiegel zu mir. „Danke", sage ich, „dann lief das heute ja hervorragend auf dem Rückweg."

Zeit, um kurz die Augen zu schließen. Ich habe Hunger. Was koche ich mir denn heute noch? Spaghetti – die sind noch vorrätig in meinem kleinen Appartement. Genau, auf Spaghetti hab ich jetzt Appetit. Die gehen schnell und ich freu mich schon drauf. Zum Joggen habe ich heute keine Lust mehr, ist schon zu spät. Ich denke, da komme ich morgen Abend noch dazu. Morgen steht noch eine Großveranstaltung mit Mitarbeitern in Hannover an und dann gibt es noch einige Termine am Freitag. Am Freitagabend endlich geht der Flieger nach München zu meinem Schatz, mit dem ich ein ruhiges und harmonisches Wochenende verbringen werde. Wir wollen mal wieder zum Italiener gehen und schön essen. Bundesliga ist auch. Ich weiß gar nicht, gegen wen Hannover spielt. Bayern spielt gegen Stutt-

13

gart … Ich nehme mir vor, auch mal wieder ins Stadion zu gehen – und freue mich darauf.

Am Sonntagmorgen werden wir gemeinsam joggen, eine schöne Runde um den See. Und ich bin schon gespannt, welche Lichtstimmung der See uns diesmal bieten wird: noch Frühnebel über dem See und Stille? Oder leichter Wind und der See liegt nicht so ruhig, oder vielleicht scheint schon die Sonne und spiegelt sich im See?

Seit drei Jahren sind Moni und ich jetzt zusammen. Ich bin glücklich. Am 25. September fliegen wir nach Sizilien und ich werde meinen 60. Geburtstag in aller Ruhe bei abgeschaltetem Handy gemeinsam mit Moni feiern – in Taormina, bei Wärme und Sonne, mit einem herrlichen Blick aufs Meer und auf den Ätna. Das Leben ist schön und ich bin glücklich.

Nur die Beule auf meiner Schulter geht nicht weg. Was ist das? Hab ich wieder Krebs? Das kann doch nicht sein. Nein, das ist etwas Harmloses. Die Beule verschwindet in den nächsten Tagen schon wieder und im November habe ich ja den Termin für meine Routineuntersuchung. Irgendwie ist mir jetzt heiß …

Oh, wir halten an. Augen auf und wir sind tatsächlich schon da. „Danke Herr Bade, ich wünsche Ihnen noch einen schönen Abend." Ich nehme meine Unterlagen und die Tasche und steige aus. Die Glieder sind vom langen Sitzen noch etwas steif. Einmal strecken, mit Herrn Bade noch schnell abstimmen, dass er mich morgen früh um halb acht Uhr abholt, noch kurz winken und Herr Bade fährt weiter. Post aus dem

Briefkasten nehmen, nach oben gehen. So, nachdem die Tür hinter mir zu ist, die Krawatte abgelegt und die Jeans angezogen ist, ist Feierabend.

12. September

Die letzten Tage waren anstrengend. Gestern die Veranstaltung im Konferenzraum mit allen Führungs- *Stell 7* kräften der Zentrale, heute das Arbeitsfrühstück mit dem Topmanagement, anschließend noch ein Vorstandsdialog und Schreibtischarbeit …

Jetzt am Flughafen lasse ich alles hinter mir. Der Flug scheint pünktlich zu gehen. Im Flugzeug ist noch Zeit, in Ruhe die Zeitung zu lesen. Und dann freue ich mich auf unser Wochenende. Heute Abend gibt es noch eine Kleinigkeit zu essen und ein Glas Wein. Es gibt viel zu erzählen und zu besprechen mit Moni, wir haben uns ja zwei Wochen lang nicht gesehen. Und ich will Moni erzählen, dass ich zwischendurch immer wieder diese Angst vor einer erneuten Krebserkrankung habe. Aber das Wochenende lassen wir uns nicht verderben …

Endlich angekommen. Die Tür schließt sich hinter uns und wir nehmen einander erst einmal in die Arme. „Ich freu mich auf unser Wochenende Moni." „Ich freu mich auch so sehr", sagt Moni. „Wie geht's dir denn? Bist du müde?" Ich antworte: „Nein, müde nicht, aber hungrig. Ich freu mich jetzt auf etwas zu essen und ein Glas Wein. Und dann können wir darüber reden, was wir an unserem Wochenende machen. Aber ich muss dir gleich noch was sagen. Ich hab die ganze Woche über immer wieder die Angst vor Krebs gehabt, wegen dieser Beule auf der Schulter." Kurze Pause und dann sagt Moni etwas, das mir sehr zu denken gibt: „Weißt du, wir haben bei keinem Telefonat darüber gesprochen, aber irgendwie ging es mir genauso. Ich habe auch Angst, dass es wieder Krebs ist …"

woher weiß sie?

Die folgenden Tage

Obwohl wir das Thema an diesem Wochenende nicht wieder aufnehmen, bleibt es doch irgendwo im Hinterkopf. Keiner spricht darüber und doch ist es begleitend immer präsent. Immer wenn ich meine Schulter mit dieser Beule sehe, denke ich daran. Wenn wir gemütlich am Tisch sitzen und plaudern und unseren frischen Fisch verspeisen und ein Glas Wein trinken, schweifen die Gedanken plötzlich ab. Es kann doch nicht sein, dass ich wieder Krebs habe – oder vielleicht doch? Moni geht es sicher genauso. Ich spüre das. Aber sie spricht auch nicht weiter darüber. Beide wissen wir, dass es vernünftig wäre, die Untersuchung, die für November vorgesehen ist, einfach vorzuziehen. Andererseits ist es ja so lange auch nicht mehr hin. Und vielleicht ist der Prof. Gabler momentan gar nicht da und im Urlaub. Dann muss ich sowieso warten.

Morgen früh fliege ich zurück nach Hannover und dann stehen laufend wichtige Termine an. Ich habe jetzt auch gar keine Zeit für eine Untersuchung: Vorstandsdialoge, Breakfastclub, Rücksprachen mit Personalrat, Tagung mit Landesgeschäftsführern. Am Donnerstag geht's nach Berlin mit Übernachtung, am Freitag zurück und noch immer Termine. Am Wochenende bleibe ich in Hannover, gehe mal ins Büro und wieder mal ins Stadion. Und ich habe Zeit, mich mit meinen Kindern zu treffen – vorausgesetzt, sie haben Zeit; sind ja erwachsene Männer, die auch viel zu tun haben. Dies ist alles wichtig, deshalb bleibt keine Zeit für eine Untersuchung.

Die Woche darauf stehen ebenfalls noch viele wichtige Termine an, und dann fliege ich mit Moni erstmal ein paar Tage nach Sizilien, um diesem Geburtstagsritual zum 60. zu entfliehen. Da freue ich mich drauf. Also keine Zeit für eine Untersuchung.

Oder? Die Beule sehe ich jeden Tag. Mit Salbe einreiben hilft auch nicht. Wird die vielleicht auch noch größer? Verdammt noch mal, so ein Mist! Ich bin nur noch frei von diesen Gedanken und locker, wenn ich abgelenkt bin. Das bringt doch nichts.

Jetzt ist Schluss. Ich bitte meine Sekretärin irgendwie unter Berücksichtigung meines Terminkalenders zu versuchen, doch noch einen Termin bei Prof. Gabler zu bekommen – wird wahrscheinlich sowieso nicht klappen. Und Moni informiere ich, dass ich es zumindest versuche, die Beule aufzuklären. Ich denke, ihr wird das sehr recht sein. Ich habe sowieso zu lange gezögert, und ich glaube, sie macht sich Sorgen.

18. September

Es hat doch geklappt. Meine Sekretärin Frau Renk hat mit Prof. Gabler einen Termin abgestimmt. Es ist jetzt acht Uhr und ich bin schon in der Medizinischen Hochschule eingetroffen. Schwester Olga mit ihrer stets guten Laune sagt: „Nehmen Sie Platz, wir nehmen gleich Blut ab." Schwester Olga ist der Sonnenschein hier für mich, regelt terminlich immer alles optimal und ich fühle mich bei ihr einfach gut aufgehoben. Auch heute hat sie schon wieder alles organisiert. „Nach dem Blutabnehmen nehmen Sie draußen kurz Platz. Ich rufe gleich an und dann wird auch sofort eine Sonografie durchgeführt. Anschließend kommen Sie wieder hierher zu mir, dann wird der Professor auch schon da sein." Wenn das alles so abläuft, bin ich bis spätestens um zehn Uhr im Büro und dann fahre ich heute Nachmittag nach Berlin – perfekt, denke ich.

Das Blutabnehmen geht wie immer schnell und problemlos. Dann die Sonografie. Sie findet in einem abgedunkelten Raum statt. Oberkörper freimachen und auf die Liege. Der weiße kalte Schleim kommt auf den Bauch und es geht los. Zunächst wird diese Beule auf der Schulter begutachtet, dann fährt der Doktor mit seinem Sonografiestab unter die Achsel und geht dann Richtung Hals. Bis jetzt war Stille. Doch nun beginnt der Arzt zu sprechen: „Da sind doch sehr deutliche Anzeichen von Lymphknoten, sowohl auf der Schulter, als auch unter der Achsel und am Hals. Der Knoten am Hals ist auch mit dem bloßen Auge zu sehen." Mir gehen schon wieder tausend Dinge durch den Kopf. Vielleicht sind es normale Lymphknoten? Aber der Arzt zerstört sehr schnell meine Hoffnung. „Die Größe der Lymphknoten weist schon auf ein erneutes Lymphom hin", sagt er. „Ich schreibe kurz den Bericht; Sie können ihn gleich zu Professor Gabler mitnehmen."

Während ich mich wieder anziehe und auf den Bericht warte, arbeitet es in meinem Kopf. Ich will es nicht wahrhaben, aber ich weiß es: Es ist so, auch wenn noch weitere Untersuchungsergebnisse vorliegen müssen. Ich habe wieder Krebs. Wieder ein Non-Hodgkin-Lymphom, wie auch schon vor dreizehn und vor vier Jahren – oder vielleicht doch nicht? Hin- und hergerissen bin ich und durcheinander. Ich habe doch in den nächsten Tagen und Wochen so viel vor: Ich muss doch arbeiten. Ich möchte meinen 60. Geburtstag feiern und habe schon Einladungen verschickt. Wir haben den Urlaub gebucht und bezahlt … „Hier ist der Bericht", reißt mich der Arzt aus meinen Gedanken. „Gehen Sie damit rüber zu Prof. Gabler. Ich wünsche Ihnen alles Gute."

Wie durch Nebel gehe ich aus dem Zimmer. Ich nehme kaum die vielen Menschen wahr, die hier sitzen oder unterwegs sind, und gehe hinüber zur Ambulanz von Prof. Gabler. Dort nimmt mich die Schwester in Empfang. „Schwester Olga, es sieht nicht gut aus", kündige ich ihr an. „Dann kümmere ich mich darum, dass Prof. Gabler gleich kommt. Nehmen Sie doch kurz Platz", bittet sie.

Jetzt herrscht Leere in meinem Kopf. Nur die Überlegung, wann ich wen informiere steht im Vordergrund. Wenn sich die Diagnose bestätigt, muss ich gleich Moni anrufen, meine Söhne Markus und Stefan sowie meine Mutter informieren. Was sage ich nur, damit sich nicht alle gleich zu viel Sorgen machen? Außer mit diesen Personen möchte ich am liebsten mit niemandem darüber reden. Aber wie geht es nun mit meiner Arbeit weiter? Während der letzten beiden Therapien habe ich gearbeitet; das schaffe ich diesmal nicht. Ja und deshalb muss ich meinen Vorstandskollegen ebenfalls informieren. Die Gedanken und Überlegungen gehen wild durcheinander und sind nicht strukturiert. Irgendwie hat sich alles verändert. Chaos im Kopf.

Prof. Gabler ist da und ruft mich herein: „Bitte nehmen Sie Platz." Da wir uns schon lange kennen, gibt es jetzt bei dem Gespräch auch kein Vorgeplänkel, sondern es geht gleich zur Sache: „Herr Hauke, der Sonografie zufolge besteht ein begründeter Verdacht auf ein Rezidiv des Non-Hodgkin-Lymphoms. Wir müssen das jetzt dringend weiter klären. Das heißt, der Knorpel an Ihrer Schulter muss entfernt und pathologisch untersucht werden." erläutert mir Prof. Gabler und ergänzt: „Das sollten wir möglichst schnell machen. Ich rufe gleich Professor Klemperer an und sehe zu, dass das noch heute oder morgen klappt. Dann haben wir nächste Woche das Ergebnis."

Jetzt ist der Punkt erreicht, an dem für mich absolute Gewissheit besteht, dass ich wieder an diesem blöden

20

Krebs erkrankt bin – nun bereits zum dritten Mal. Aber gerade in diesem Moment vermischen sich die Leere und das gleichzeitige Durcheinander in meinem Kopf. Ich beginne an die Zukunft zu denken. Zuerst will ich möglichst schnell diesen Knoten auf der Schulter weghaben und erkundige mich bei Prof. Gabler: „Wenn das ein Rezidiv ist, wovon ich ausgehe, welche Therapie erfolgt dann? Wieder Chemo in der Tagesklinik und …" Weiter komme ich gar nicht, denn Prof. Gabler stoppt mich sogleich: „Diesmal wäre eine Stammzelltransplantation erforderlich. Aber erst einmal abwarten. Nehmen Sie doch kurz Platz. Ich telefoniere und Schwester Olga informiert sie, wie es weiter geht."

Ich nehme im Wartebereich Platz. Was um mich herum vorgeht, nehme ich nicht war. Aber mir ist schon klar, dass ich heute meinen Termin in Berlin absagen muss. Da kommt schon Schwester Olga auf mich zu: „Sie können gleich zu Professor Klemperers Sekretärin hinübergehen. Sie weiß Bescheid. Oder wissen Sie was: Ich gehe ein Stück mit, damit Sie es gleich finden." Wir gehen durch die Flure der Klinik und treten hinaus ins Freie. Die Sonne scheint; es ist ein wunderbarer Tag. Das nehme ich noch auf, bevor mir Schwester Olga den Weg weist: „So, hier müssen Sie rüber in den anderen Gebäudekomplex und dann gleich rechts." Ich bedanke mich und gehe hinüber. Hier war ich noch nie. Rein ins Gebäude und dann rechts und da ist auch schon die Tür: „Vorzimmer Prof. Klemperer – Sekretärin: Frau Weiskopf". Ich klopfe an und Frau Weiskopf empfängt mich mit den Worten:

„Ich weiß schon Bescheid. Herr Prof. Klemperer ist heute nicht da. Ich rufe aber gleich den Oberarzt an und dann sehen wir weiter." Ich bedanke mich und Frau Weiskopf bringt mich ein paar Türen weiter in ein Behandlungszimmer, wo sie mich bittet, Platz zu nehmen. „Der Oberarzt Herr Dr. Granner wird gleich kommen. Einen kleinen Moment bitte."

Mitten im Behandlungszimmer steht eine Liege, entlang der Wände stehen Schränke mit medizinischen Geräten und ein Stuhl. Ich nehme Platz. Jetzt, wo ich allein bin, kommt mir wieder alles vor, wie in einem Traum. Alles ist so weit weg und irreal. Normalerweise würde ich jetzt noch etwas im Büro arbeiten und Rücksprachen halten, bevor es nach Berlin geht. Dabei scheint die Sonne heute so herrlich … Und dann geht die Tür auf. Der junge dynamische Oberarzt tritt ein und stellt sich vor. Auch er ist bereits informiert und will sich die Beule auf der Schulter ansehen. „Ja, das Gewebe ist noch weich. Das müsste sich gut entfernen lassen. Möchten Sie das unter Vollnarkose oder mit örtlicher Betäubung machen lassen?" „Nur mit örtlicher Betäubung", antworte ich. Irgendwie ist mir gar nicht bewusst, was da alles passiert. Dr. Granner weiter: „Momentan steht kein Operationssaal zur Verfügung. Können wir Sie denn telefonisch erreichen?" Ich gehe mit ihm zurück zur Sekretärin Frau Weiskopf und gebe meine Handynummer weiter. Frau Weiskopf und der Oberarzt sagen mir zu, entweder heute Nachmittag oder morgen anzurufen, wenn ein OP-Saal frei ist.

Anschließend gehe ich nochmals zu Schwester Olga zurück und informiere sie über den aktuellen Stand.

Und dann raus aus der Klinik. Auf dem Weg zum Parkplatz versuche ich, klare Gedanken zu fassen. Informieren will ich momentan nur Moni, ansonsten möchte ich jetzt mit niemandem … Schon werde ich vom klingelnden Handy wieder aus meinen Gedanken gerissen. Die Nummer kenne ich nicht. Ich gehe ran und höre die Stimme von Frau Weiskopf: „Wir haben doch noch kurzfristig einen OP-Saal frei. Bis wann können Sie denn zurück sein?" „Ich bin sofort zurück", sage ich und lege auf. Irgendwie bin ich jetzt froh, dass es vorwärtsgeht und ich gar keine Zeit bekomme, meinen Gedanken nachzuhängen.

Tatsächlich geht nun alles ganz schnell: Frau Weiskopf bringt mich wieder in das Behandlungszimmer. Ich muss meinen Anzug, Schuhe und die gesamte Kleidung in einen roten Sack tun, den Frau Weiskopf mitnimmt und beaufsichtigt. Ich war ja für den Termin heute Abend in Berlin angekleidet: Anzug, Krawatte, Schuhe. Einschließlich Handy steckt jetzt alles in dieser großen roten Plastiktüte und ich hab ein Krankenhaushemd an.

Kaum bin ich auf der Liege, kommt der Oberarzt und ich werde auf ein fahrbares Bett gelegt. Es geht über die Flure zu einem Aufzug, mit dem wir in den dritten Stock fahren. Dort befinden sich die Operationssäle. Ich werde in den Vorraum eines OP-Saals gebracht, wo sich mir zwei Pfleger vorstellen: „Ich bin Peter und werde sie bei der Operation mit betreuen", sagt einer der beiden

Privatpatient ?!!

23

und der andere ergänzt: „Und ich bin Wassilew und wir heben Sie jetzt auf den OP-Tisch." Mein Angebot, selbst auf den OP-Tisch hinüberzusteigen, lehnen die beiden ab. Also werde ich „verlegt", indem der OP-Tisch in den gekachelten und mit vielen Geräten ausgestatteten OP-Saal geschoben wird. Dr. Granner erklärt mir, dass ein grünes Tuch über mein Gesicht gelegt wird und dass er jetzt die Spritzen für die örtliche Betäubung setzt. „Nach den Spritzen werden wir fünfzehn Minuten warten und dann geht es los", sagt er und geht noch einmal hinaus. Ich höre ihn draußen mit den Pflegern sprechen. Sie unterhalten sich über irgendwelche organisatorischen Dinge des Krankenhauses, unter anderem darüber, dass dieser OP-Saal nur frei ist, weil es so viele krankheitsbedingte Ausfälle beim Personal gibt und er deshalb heute nicht verwendet wurde. Na dann hab ich ja Glück gehabt, denke ich – aber kann man das als Glück bezeichnen?

Soweit das unter dem grünen Tuch geht, sehe ich mich im OP-Saal ein wenig um. Der sieht genauso aus, wie OP-Säle auch im Film stets gezeigt werden. Und irgendwie komme ich mir eben auch wie im Film vor. Meine Gedanken beginnen, sich wieder zu überschlagen: Vielleicht ist ja doch alles harmlos – nein, kann gar nicht sein. Dieses Hin und Her im Kopf bleibt, bis der Pfleger und der Oberarzt zurückkehren. „So, es geht los. Spüren Sie hier an der Schulter noch was?" Ich verneine. Und dann ist es soweit. Es schmerzt zwar nicht, aber ich spüre schon, wie er schneidet, schabt und wieder schneidet und verätzt und, und, und …

Eine Stunde dauert das Ganze und zwischendurch denke ich mir, hoffentlich ist es bald vorbei. Dann kommt der erlösende Satz: „Wir sind fertig. Jetzt nur noch nähen und verbinden." Gott sei Dank. Vielleicht wäre eine Vollnarkose doch besser gewesen? Endlich ist die Wunde zugenäht und das grüne Tuch wird entfernt. Jetzt kann ich wenigstens wieder vernünftig atmen. Der Oberarzt zeigt mir das entnommene Gewebe. Es liegt in einem Glas in Flüssigkeit, ist ca. 3 cm lang und 1 cm dick und sieht aus, wie – ja wie Fleischgewebe, ganz komisch. Ich darf nicht aufstehen, sondern werde jetzt vom OP-Tisch auf das fahrbare Bett hinüber gehoben und im Erdgeschoss wieder in den Behandlungsraum geschoben. „Bleiben Sie noch etwa eine Stunde hier liegen", sagt der Oberarzt. „Das ist nach der OP erforderlich, damit wir sicher gehen, dass ihr Kreislauf wieder stabil ist."

Ich liege allein im Zimmer. Kurz darauf öffnet Frau Weiskopf die Tür und bringt mir die große rote Plastiktüte mit meinen Sachen. Sie erkundigt sich nach meinem Befinden, und ich sage ihr, dass alles okay ist. Dann bin ich wieder allein. Eine Stunde hier so herumzuliegen dauert mir zu lange. Ich muss dringend telefonieren. Es weiß ja bisher niemand, dass ich operiert worden bin. Also stehe ich auf, entledige mich dieses komischen Krankenhaushemdes und ziehe meine Klamotten an. Nur Sakko und Krawatte lasse ich noch weg. Ich nehme das Handy aus der Tasche und stelle fest, dass ich in diesem Raum überhaupt keinen Empfang habe – Mist!

Naja, so genau muss man es mit der Stunde, die man liegen bleiben soll, auch nicht nehmen. Und ich muss auch mal auf die Toilette. Also gehe ich raus auf den Flur und kann hier zumindest telefonieren. Ich rufe erst einmal Moni an und berichte ihr, dass ich bereits operiert worden bin und in Kürze gehen kann. Moni ist völlig irritiert und bestürzt am Telefon. Ich spüre das und sie will sofort nach Hannover kommen. Ich kann es ihr nicht ausreden. Sie will sofort die Arbeit abbrechen, nach Hause fahren, zusammenpacken und in ihrem kleinen Auto die 600 Kilometer nach Hannover fahren. Zum Einen freue ich mich, weil es bestimmt nicht gut ist, in dieser Situation allein zu sein. Auf der anderen Seite mache ich mir riesige Sorgen, dass ihr etwas passieren könnte. Jetzt kommt auch noch der Oberarzt den Flur entlang und deutet auf mich und das Behandlungszimmer, was offenbar heißen soll, ich möge da wieder hineingehen. Okay, ich beuge mich der ärztlichen Autorität.

So, jetzt ist die Stunde aber vorbei. Die Wunde ist genäht und die Fäden verschwinden angeblich nach vierzehn Tagen von allein. Ich ergänze meine Kleidung um die Krawatte und das Sakko und gehe noch mal hinüber zur Sekretärin. „Kommen Sie bitte am Montag wieder vorbei, damit wir uns die Wunde noch mal ansehen und neu verbinden können", sagt sie. Das werde ich natürlich tun, verspreche ich, und gehe anschließend noch einmal zu Schwester Olga und Prof. Gabler, um sie zu informieren, dass ich bereits operiert worden bin und um zu erfragen, wann ich wieder in die

Onkologie kommen soll. Auch das ist schnell erledigt, und jetzt will ich endlich hier raus. Zunächst muss ich noch einmal mit Moni telefonieren, mit meinen Söhnen Markus und Stefan sowie mit meiner Mutter. Dann spreche ich gleich mit meinem Vorstandskollegen.

Ich setze mich frisch operiert ins Auto und fahre ins Büro. Froh bin ich, dass mir in der Tiefgarage und im Aufzug niemand begegnet. Ich will jetzt keinen sehen. In der Büroetage gehe ich an meiner Sekretärin vorbei und sage nur: „Ich habe wieder Krebs" – gehe weiter in mein Büro, schließe die Tür und rufe sofort Moni an. Sie ist bereits auf dem Heimweg, um ihre Koffer zu packen und zu mir zu kommen. Sie sagt, sie will und wird mich jetzt in dieser Situation nicht allein lassen und ich würde doch das Gleiche auch für sie tun und, und, und … Ich kann und will nicht dagegen argumentieren und freue mich natürlich riesig. Aber mit dem kleinen Auto und das jetzt, zu dieser Zeit, am Donnerstag im Berufsverkehr … Hoffentlich geht das gut. Ich mache mir Sorgen. Als Nächstes rufe ich Markus an und informiere ihn. Auch er ist völlig perplex. Es passiert schon bei diesen Telefonaten, dass ich immer wieder die Tränen unterdrücken muss. Markus will auch ganz spontan nach der Arbeit bei mir vorbeikommen, um mich nicht allein zu lassen. Ich sage noch – wie ich das immer mache, obwohl ich es gar nicht so meine –, dass es nicht nötig sei, aber Markus ist Gott sei Dank genau so stur, wie ich es bin. Er bleibt dabei, dass er vorbeikommen wird. Und jetzt rufe ich Stefan und Mama an. Die Telefonate verlaufen ebenfalls emotional an der Grenze, da ich deutlich spüre, wie groß die Betroffenheit, der Wunsch zu helfen, aber auch die Hilflosigkeit ist.

Die Betäubungsspritze lässt allmählich nach und die Wunde beginnt zu schmerzen. Ich habe das Gefühl, dieses „Funktionieren wie eine Maschine", diese Aktivität des Telefonierens hilft mir etwas, nicht an das, was jetzt alles auf mich zukommt und an die Schmerzen an der Schulter zu denken.

Jetzt rufe ich meinen Vorstandskollegen in seinem Büro an und sage nur: „Komm doch bitte schnell mal bei mir vorbei." Er scheint sofort zu spüren, dass da etwas sehr Ernstes und Wichtiges ist. Eine Minute später kommt er in mein Büro. Mit brüchiger Stimme sage ich ihm, dass ich wieder Krebs habe, dass es diesmal in der Therapie um eine Stammzelltransplantation geht, dass ich gerade eben an der Schulter operiert und ein Knoten entfernt wurde. Ingo ist geschockt. Ich habe den Eindruck, diese Nachricht trifft ihn sehr, und zwar unabhängig von unserer beruflichen Zusammenarbeit. Wir arbeiten inzwischen über viele Jahre miteinander, haben uns aneinander gewöhnt und sind uns auch freundschaftlich verbunden. Und ich ergänze: „Ingo, ich kann und werde diesmal bei der Therapie nicht arbeiten können, so wie vor vier Jahren und vor dreizehn Jahren. Und ich möchte mit niemandem darüber sprechen. Am liebsten wäre mir, du kannst das alles von mir fernhalten." Ohne groß nachzudenken oder nachzufragen, sagt mir Ingo das spontan zu. Darüber bin ich sehr froh, da ich jetzt alle Kraft brauche, mich nur um

28

diese neue Situation zu kümmern. Mein Wunsch ist, das alles mit nur sehr wenigen Menschen in meiner Umgebung zu besprechen und die vielen Kontakte, die ich habe, erst einmal ruhen zu lassen. Ich rufe noch kurz den Vorsitzenden unseres Verwaltungsrates an und verabschiede mich von meiner Sekretärin und von meiner Referentin. Und dann will ich weg. Ich will jetzt erst einmal allein sein und fahre in mein Appartement.

Tür zu, raus aus dem Anzug und in leichte Klamotten. Das fällt gar nicht so leicht, da die operierte Schulter schmerzt und mich bei verschiedenen Bewegungen inzwischen stark behindert. Als Nächstes rufe ich meinen Schatz an. Moni steckt irgendwo zwischen München und Nürnberg in einem Stau. Es ist jetzt 16 Uhr. Ich bitte sie langsam und vorsichtig zu fahren. Hoffentlich geht das gut.

Mir geht alles, was heute passiert ist, nochmals durch den Kopf. Es besteht Verdacht auf ein Rezidiv des Non-Hodgkin-Lymphoms. 2001 und 2010 hatte ich mit dieser Krankheit schon einmal zu tun. Und beide Male erfolgte die Therapie mit Chemo und Bestrahlung, wobei ich damals jeweils weiterhin „am Leben teilgenommen" und gearbeitet habe. Bis jetzt ist es allerdings nur ein Verdacht. Vielleicht ist es ja doch etwas anderes und ich werde positiv überrascht, wenn das Ergebnis aus der Pathologie vorliegt. Auf der anderen Seite … Nein, was soll es denn anderes sein, als wieder dieser Krebs? Die Gespräche heute mit Prof. Gabler, dem Arzt bei der Sonografie und dem Operateur haben in meiner Wahrnehmung doch alle sehr deutlich darauf hingewiesen, dass es sich um Krebs handelt. Was mache ich jetzt nur? Wie geht das jetzt weiter? Das ist doch alles ein schrecklicher Mist. Warum ich schon wieder? Warum jetzt? Die Schulter schmerzt. Moni ist irgendwo auf der Autobahn und wird heute Nacht hier ankommen. Zuerst kommt Markus nachher vorbei.

Um 19.30 Uhr klingelt es an der Tür. Markus hat heute früher Feierabend gemacht. Er kommt hinauf in den vierten Stock in mein kleines Appartement. Ein „Hallo" und eine Umarmung. Ich merke ihm sehr deutlich an, wie betroffen er ist. Wir bestellen uns Pizzen und setzen uns auf die Couch. Ich erzähle Markus, was heute passiert ist. Wir reden darüber, wie das jetzt wohl weitergeht, reden über Gott und die Welt. Es ist schön, dass ich zu Markus wieder ein vernünftiges Verhältnis habe. Wir beide hatten große Schwierigkeiten miteinander, als ich mich vor drei Jahren von seiner Mutter getrennt habe. Ich denke, dies hat sein Weltbild völlig erschüttert, aber wie er mir sagte, war viel schlimmer, dass ich ihn in diesem Zusammenhang einmal angelogen habe. Wir haben uns dazu ausgesprochen und jetzt ist dies gerade überhaupt kein Thema. Auf alle Fälle bin ich schon sehr froh, dass ich jetzt nicht allein bin.

Es ist 21.30 Uhr, als Markus nach Hause fährt. Ich glaube, ich sehe beim Abschied eine kleine Träne in seinem Auge und ich denke, ich verdrücke gerade auch eine Träne. Moni ist nun seit über fünf Stunden unterwegs. Ich rufe sie immer wieder kurz im Auto an, da ich mir große Sorgen mache. Sie fährt nicht gern bei Dunkelheit und dazu jetzt noch so lange. Ihr Navi sagt die Ankunft für 23 Uhr voraus. Hoffentlich klappt alles. Meine Schulter schmerzt.

Endlich ist sie da und glücklicherweise ist nichts passiert. Heute Morgen ging Moni noch zur Arbeit und hat überhaupt nicht daran gedacht, hierher nach Hannover zu fahren. Über acht Stunden ist sie gefahren, dazu voller Sorgen um mich. Wir umarmen uns und schweigen erst einmal. Moni ist ziemlich kaputt von der langen Reise, lässt sich jedoch nichts anmerken. Jetzt gibt es für sie noch eine Kleinigkeit zu essen und dann erzähle ich ihr, was heute so alles passiert ist und wie es mir geht. Wir überlegen gemeinsam, wie es denn jetzt weitergehen kann. Ein Uhr ist vorbei und die Müdigkeit übermannt uns. Ich nehme noch eine Schmerztablette und dann legen wir uns für ein paar Stunden schlafen.

19., 20. und 21. September

gegen über letzte Eintrag vom 18.05.

Am Freitag versuche ich, mit der Wunde auf der Schulter zu duschen. Es ist ganz schön anstrengend und ich muss mich dabei richtig verbiegen. Moni und ich überlegen, was wir an Lebensmitteln einkaufen müssen und versuchen möglichst „normale" Dinge zu besprechen. Das Gespräch kommt aber doch immer wieder auf das Thema Krebs und wie es jetzt weiter geht. Auch bei den Telefonaten mit Mama, Markus und Stefan geht es nur um das Thema Krebs und was da jetzt weiter geschehen wird.

Wir müssen unseren geplanten Urlaub und die Flugbuchungen absagen bzw. stornieren und finden am Samstag Zeit dafür. Da wir unseren Sizilienurlaub anlässlich meines 60. Geburtstages über das Internet gebucht haben, ich ab Hannover und Moni ab München geflogen wäre, ist das gar nicht so einfach. Bei Air Berlin haben wir keine Chance, über die Hotline jemanden zu erreichen. Da ertönt nur dreißig Minuten lang Musik in der Warteschleife und zwischendurch die Ansage: „Bitte warten." Wir geben auf und schicken eine E-Mail. Und dann müssen wir noch den Mietwagen abbestellen und das Hotel stornieren. Da sich das alles hinzieht, sind wir wenigstens beschäftigt.

Um uns ein wenig Normalität zu gönnen, unternehmen wir sonntags einen Ausflug zum Steinhuder Meer. Es geht ein ordentlicher Wind und für September ist es bereits ziemlich kalt und frisch. Uns ist das egal – auch, dass nur noch wenige Leute hier unterwegs sind. Hauptsache wir sind abgelenkt und die Schmerzen an der Schulter lassen nach und behindern nicht beim spazieren gehen. Abends sehen wir uns den *Tatort* an und verabreden, dass Moni mich morgen zur Besprechung bei Prof. Gabler begleitet. Wir wollen Prof. Gabler auch darum bitten, die Therapie in München durchführen zu lassen, da ich dort nicht allein wäre und ein wesentlich besseres Umfeld hätte als hier. Wir stimmen uns ab, dass Moni am Dienstag wieder heimfährt und ich dann an meinem Geburtstag nachkomme.

22. September

Heute Morgen geht es wieder nur mit Verrenkungen unter der Dusche, damit die Wunde nicht nass wird. Aber jetzt, nach vier Tagen, komme ich schon besser zurecht. Man gewöhnt sich an alles. Am besten ist es, die rechte Hand nach oben zu strecken und den Duschkopf nur mit der linken Hand zu halten. Dann abbrausen, einseifen und wieder vorsichtig abduschen. Anschließend den Kopf ganz schräg halten und die Haare waschen – geht doch.

Nach dem Frühstück werden wir zur Medizinischen Hochschule fahren. Zwei Termine stehen an: Zum einen wird die OP-Narbe auf der Schulter untersucht und frisch verbunden, zum anderen ein Gespräch mit Prof. Gabler geführt über das Ergebnis der pathologischen Untersuchung des herausgenommenen Gewebes und die Folgen für die Therapie.

Wir haben beide ein seltsames Gefühl auf dem Weg zur Medizinischen Hochschule. Alles ist so unwirklich, als wäre man in einem Traum und müsste doch endlich aufwachen. Wir überspielen das aber und reden wieder über alles Mögliche. Ich parke das Auto und wir gehen rein. Ich erkläre Moni ein wenig die MHH: „Hier ist die Poliklinik, rechts vorn die Herzklinik und ein Stück weiter die Onkologie. Da gehen wir nachher hin. Erst müssen wir noch in die Klinik für Allgemeine, Viszeral- und TX-Chirurgie. So nennt sich der Bereich, wo ich operiert wurde und da muss die Wunde nachgesehen werden. Hier müssen wir vorn nach links gehen.“

Ich melde mich bei der Sekretärin von Prof. Klemperer an und werde gleich ins Behandlungszimmer geführt. Moni wartet draußen. Ein Arzt ist sofort da; er nimmt den Verband ab und sagt, dass die Wunde gut aussieht. Er verbindet sie neu und informiert mich, dass mich der Chef, Prof. Klemperer noch sehen will. Wir gehen zurück zur Sekretärin, die mich sofort weiter ins Büro des Professors begleitet. Herr Prof. Klemperer fragt mich, wie es mir geht und wir führen einen kurzen Small Talk. Anschließend gehe ich mit Moni in die Onkologie zu Prof. Gabler. Bevor wir dessen Zimmer betreten, lernt Moni Schwester Olga kennen. Die beiden verstehen sich sofort und ich komme kaum mehr zu Wort.

Wir nehmen Prof. Gabler gegenüber vor dem Schreibtisch Platz. Ich stelle ihm Moni vor und dann kommt das Gespräch sofort auf den Punkt: „Die pathologische Untersuchung des Gewebes an der Schulter hat ergeben, dass es sich um ein Rezidiv des Non-Hodgkin-Lymphoms handelt." Der Satz überrascht mich nicht mehr, denn die Anzeichen waren doch sehr klar und deutlich. Jetzt gilt es zu besprechen, wie es weitergeht. Zwei Punkte sind für mich wichtig, deshalb frage ich: „Herr Professor, Sie sagten mir schon, wenn der Krebs wieder auftritt, ist eine Stammzelltransplantation zu empfehlen. Kann ich denn eine derartige Therapie auch in München durchführen? Das Umfeld in München wäre für mich erheblich besser, auch wenn ich natürlich die Betreuung durch sie und Schwester Olga vermissen würde."

Prof. Gabler informiert uns, dass die Therapie größtenteils standardisiert ist und überall durchgeführt werden kann. „Ich kenne in München die Professoren an beiden Unikliniken. Beide kann ich empfehlen. Überlegen Sie sich das und geben Sie mir ihre Entscheidung bekannt. Ich werde mich dann unverzüglich mit dem betreffenden Professor in Verbindung setzen und alles in die Wege leiten." Damit ist mir schon mal eine Sorge genommen. Jetzt beginnt der Professor seine Ausführungen zur Therapie und notiert uns zugleich seine Erklärungen zum Therapieverlauf auf einem Blatt Papier: „Zunächst finden zwei bis drei Zyklen Chemotherapie statt. Dazu sind Sie immer vier bis fünf Tage in stationärer Behandlung. Die Chemo nennt sich R-DHAP" teilt er uns mit und beginnt seine Zeichnung mit Zyklus I, an den sich in Gestalt von Sinuskurven die Zyklen II und III anschließen. „Nach dem zweiten Zyklus erfolgt die Sammlung für die Transplantation der eigenen Stammzellen. Dies nennt sich autogene Stammzelltransplantation – im Gegensatz zur allogenen Stammzelltransplantation, bei der Stammzellen eines Spenders gegeben werden. Zwischen den Zyklen liegen immer 15 bis 21 Tage, in denen Sie sich erholen sollen." Mit großer Nüchternheit und Klarheit erklärt Prof. Gabler weiter: „An den zweiten oder dritten Zyklus schließt sich dann die Hochdosistherapie an. Der Fachbegriff ist R-Data BEAM. Dazu sind Sie etwa drei Wochen lang auf Station. Mit hoch dosierter Chemotherapie wird das Immunsystem auf null gefahren und Sie erhalten Ihre Stammzellen zurück, die dann ins Knochenmark wandern und das Immunsystem wieder aufbauen. Wie gesagt, die Therapie ist standardisiert und kann überall durchgeführt werden." Auf meine Frage, wie lange die Therapie insgesamt dauern werde, erwidert Prof. Gabler: „Wenn alles gut geht, könnten Sie im Januar durch sein."

Ich habe das Gefühl, mehr will mir Professor Gabler zur Therapie noch nicht sagen. Das finde ich auch okay so, denn für mich heißt das jetzt mein bisheriges Leben mit allem, was es so bietet, umzustellen, die Arbeit wegzulassen und mich nur noch auf diese Therapie zu konzentrieren. Prof. Gabler gibt mir noch die nächsten Termine bekannt: Am 24. 9. findet die Knochenmark-biopsie statt und am 25. 9. soll ich in die Röhre zur Positronen-Emissions-Tomografie (PET) und zur Computertomografie. Damit sind dann die wichtigsten Voruntersuchungen abgeschlossen, durch die ermittelt wird, in welchem Umfang bereits Lymphome vorhanden sind. Prof. Gabler wird sich dann mit dem Professor in München in Verbindung setzen, damit dort möglichst schnell die Therapie starten kann. Auf der einen Seite sind Moni und ich jetzt bedient von dem, was da alles auf mich zukommt, auf der anderen Seite sind wir wiederum etwas beruhigt, weil wir nun wissen, wie es weitergeht.

Inzwischen ist es Mittag geworden. Wir haben Hunger und richtig Lust auf etwas „Besonderes". Ein Döner-Teller soll es sein und den gibt's in einem Döner-Imbiss im Einkaufscenter. Also nichts wie da hin. Und trotz der ganzen Geschichte mit meiner Krankheit

Wortstellung /
Satzbau

schmeckt der richtig gut. Schön gemischtes Fleisch von Schwein und Huhn, dazu Reis, Salat, leckere Soßen und eine Cola – Junkfood eben.

Anschließend sind wir wieder in meinem kleinen Appartement und besprechen, wie es in nächster Zeit weitergeht. Moni bietet mir an, länger in Hannover zu bleiben, damit sie da ist, wenn mir Knochenmark entnommen wird und die Untersuchungen anstehen. Ich beschwichtige sie: „Du musst deswegen nicht da bleiben. Ich kenne das ja schon. Das ist nicht schlimm; da komme ich gut allein zurecht. Und wenn die Untersuchungen am 25. 9. vorbei sind, kann ich an meinem Geburtstag zu dir nach München fliegen." Gleichwohl wissen wir beide, dass eine Geburtstagsfeier nicht infrage kommt. Ich will aufgrund der Diagnose und der anstehenden Therapie auch nicht beschenkt werden. Am liebsten will ich mit niemandem, außer mir ganz nahe stehenden Menschen sprechen – mal sehen.

24. September

Gestern ist Moni zurück nach München gefahren. Ich bin wieder allein und mache mir viele Gedanken. Hält die Beziehung mit Moni, wenn durch die Therapie der Körper vom Cortison aufgeschwemmt wird und ich die Haare verliere, wenn ich nicht mehr am normalen Leben teilnehmen kann, wir nicht mehr ausgehen können usw.? Wenn Moni noch da wäre, würde sie mir die Leviten lesen, was ich denn für grundlose Befürchtungen hege, aber wenn ich allein bin, kommen eben auch solche Gedanken über mich.

Heute steht zunächst der Termin zur Knochenmarkbiopsie an und ich soll Prof. Gabler informieren, wo ich in München die Therapie machen will. Nachdem ich mich bei verschiedenen Stellen erkundigt habe, ist die Entscheidung für Prof. Pegel am Klinikum rechts der Isar gefallen.

Prof. Gabler ruft mich ins Behandlungszimmer. Es ist 11 Uhr 30. Schwester Olga assistiert und richtet das „Besteck" und die Spritze her. Ich mache das Becken frei und lege mich seitlich auf die Liege. „Die Beine noch etwas anziehen", sagt Prof. Gabler. Und weiter: „Ich gebe Ihnen die Spritzen für die örtliche Betäubung. Da spüren Sie jetzt einen kleinen Stich. Dann warten wir etwas, bis die Spritzen wirken."

Die wenigen Minuten sind um und Prof. Gabler geht mit einem Stanzgerät in den Beckenknochen, um Knochenmark zu entnehmen. Ich habe zwar keine Schmerzen, spüre aber ein seltsames Ziehen und Bohren und hoffe wieder mal, dass es bald vorbei ist. „So, ist schon erledigt", höre ich den Professor. Schwester Olga drückt auf die Wunde, verbindet sie dann und legt mir eine Art Sandsack darunter, um etwas Druck auf der Wunde zu haben. „Bleiben Sie bitte noch einen Moment liegen", sagt sie schließlich. Ich bitte den Professor, mir das entnommene Knochenmark zu zeigen. In einem kleinen Röhrchen ist das helle und für mich darüber hinaus nicht definierbare Material aufbewahrt. Prof. Gabler kommentiert: „Es sieht gut aus und geht jetzt in die Pathologie."

Als die zehn Minuten Ruhezeit um sind, höre ich von Prof. Gabler, dass die morgigen Untersuchungen dank des technischen Fortschritts nun in einer Prozedur vorgenommen werden können, das heißt, ich muss nur einmal in die Röhre und nicht wie früher drei bis vier Stunden lang die PET-Untersuchung über mich ergehen lassen, sondern nur etwa eine halbe Stunde. Anschließend wird gleich die Computertomografie durchgeführt. Na wenigstens gibt es hier eine Erleichterung. Ich vereinbare mit Schwester Olga noch einen Termin am Dienstag nächster Woche, um die Ergebnisse sämtlicher Untersuchungen zu besprechen und für die Therapie in München alles vorzubereiten.

Anschließend fahre ich erst einmal in mein Appartement, um wieder etwas Ruhe zu finden. Dort telefoniere ich noch mit Moni, meiner Mutter und meinen Söhnen, die natürlich wissen wollen, wie es mir geht.

25. September

Die PET-Untersuchung ist für 11 Uhr angesetzt. Ich muss nüchtern kommen, werde erst einmal über die Untersuchung aufgeklärt und muss eine Einverständniserklärung unterschreiben. Jetzt wird mir am linken Arm eine Kanüle gelegt. Ein Arzt sitzt etwas verdeckt hinter einem Schirm und entnimmt aus einem Behälter das Kontrastmittel, das leicht radioaktiv ist. Es wird über die Kanüle in den Arm gespritzt. Während ich eine

Stunde warten muss, versuche ich in der *Süddeutschen Zeitung* zu lesen, aber es gelingt mir nicht so recht, mich auf die Artikel zu konzentrieren.

Inzwischen ist es fast 13 Uhr geworden. Ich werde aufgerufen und komme in einen großen Raum, in dessen Mitte „die Röhre" steht. Schuhe ausziehen und auf die fahrbare Pritsche legen. Mir wird noch mal kurz erklärt, dass zunächst die etwa halbstündige PET-Untersuchung stattfindet. Anschließend wird das CT gemacht, das etwa zwanzig Minuten dauern soll. Und schon geht es los. Ich lasse die Gedanken schweifen, denke daran, wie es weitergeht und ob ich mich Weihnachten noch immer in Therapie befinden werde. Derart in Gedanken vertieft, ist die Zeit schnell um. Die Untersuchungen sind abgeschlossen und ich kann gehen. Zu den Ergebnissen teilt mir der Radiologe noch nichts mit. Erst wenn beim Termin in der nächsten Woche alle Untersuchungsergebnisse vollständig ausgewertet sind, wird sich Prof. Gabler dazu äußern.

26. September

Der Wecker klingelt um fünf Uhr. Ich fliege nachher nach München und freue mich auf ein paar untersuchungsfreie Tage mit Moni. Heute ist tatsächlich mein 60. Geburtstag. Aber der ist nicht wichtig. Ich habe diese Krankheit und muss und will mich darauf konzentrieren. Etwas anderes gibt es jetzt nicht. Ich komme mir vor, als hätte ich mein bisheriges Leben an der Garderobe abgegeben: keine Firma mehr, keine Tagungen und Sitzungen, keine Besprechungen, keine Entscheidungen treffen, keine Geschäftsreisen, keine Abendveranstaltungen. Auch privat werde ich nicht mehr ausgehen, keinen schönen Abend mit Moni beim Italiener verbringen usw. – zumindest nicht in nächster Zeit, das heißt für die kommenden Monate.

Normalerweise sind Geburtstage immer sehr von persönlichen Glückwünschen, von guten Wünschen am Telefon, per E-Mail und SMS geprägt. Heute jedoch werde ich nicht erreichbar sein, und an das Handy gehe ich nur, wenn mir nahestehende Personen sich melden. Ich möchte heute gar keinen Geburtstag haben.

Jetzt aber ab unter die Dusche, in einer Dreiviertelstunde holen mich Sweni und Markus ab und fahren mich zum Flughafen. Dass mein Sohn und meine Schwiegertochter sich das nicht nehmen lassen, mich zum Flughafen zu bringen und extra so früh morgens aufstehen, freut mich riesig.

Es ist jetzt kurz vor sechs Uhr und ich gehe nach unten. Die beiden werden gleich da sein. Obwohl es noch dunkel ist, sehe ich den weißen BMW um die Ecke kommen. Jetzt finde ich es schon toll, dass die beiden aussteigen, mich umarmen und mir alles Gute zum Geburtstag wünschen. Und ein Geschenk bekomme ich auch. Es ist in einem Umschlag. „Ich mache das Geschenk jetzt nicht auf dem Weg zum Flughafen auf, sondern möchte es in aller Ruhe dann in München öffnen", sage ich zu den beiden. Markus informiert mich, dass sich Stefan ebenfalls an dem Geschenk beteiligt hat.

Nur zehn Minuten brauchen wir zum Flughafen, so früh am Morgen ist ja auch noch kein Verkehr. Ich verabschiede mich von Sweni und Markus, gehe durch die Abfertigung und erreiche den Terminal. Der Flug ist pünktlich; in einer Stunde bin ich in München.

Moni holt mich am Flughafen ab. Die Stimmung ist schon etwas gedrückt aufgrund der Situation. Jetzt wären wir normalerweise in Sizilien und würden uns ein paar schöne Tage machen. Nun gilt es, die Tage zuhause gut zu überstehen, einige Dinge zu erledigen, vielleicht noch mal joggen gehen, schön essen und es sich gut gehen lassen – so weit uns das gelingt. Zuhause eingetroffen, bekomme ich von Moni ein tolles Geburtstagsgeschenk: eine schöne Uhr. Ich bin stolz. Von meinen Söhnen habe ich ein gemeinsames Wochenende in Hamburg bekommen und von meinen Kollegen einen Fallschirmsprung. Als Moni und ich einander umarmen, gibt es wieder ein paar Tränen …

6. Oktober

Am gestrigen Sonntag bin ich zurück nach Hannover geflogen. Heute ist die Abschlussbesprechung mit Prof. Gabler, da jetzt alle Untersuchungsergebnisse vorliegen. Es ist neun Uhr und Prof. Gabler bittet mich sogleich ins Besprechungszimmer: „Die Untersuchungsergebnisse haben es nochmals bestätigt, dass ein zweites Rezidiv des Lymphoms vorliegt. Laut Knochenmarkhistologie ist das Knochenmark nicht befallen, aber es gibt den multiplen Befall in den Lymphknotenregionen sowie in

Knotennähe, unter der Haut und wahrscheinlich ossär, also die Knochen betreffend. Leber und Milz scheinen frei zu sein. Übersetzt gesagt: Der Befall ist diesmal schon größer und intensiver als beim ersten und zweiten Mal."

Ich bin über das, was mir Prof. Gabler sagt, nicht mehr überrascht. Ich fühle und spüre es ja selbst. Der *äusse-re* Lymphknoten am Hals ist sogar zu sehen. Auch in der Leiste habe ich einen sehr großen Lymphknoten bemerkt und ebenso im oberen Brustbereich. Prof. Gabler erläutert weiter: „Ich werde jetzt gleich den Arztbrief schreiben, damit Sie diesen mit nach München zu Prof. Pegel nehmen können. Außerdem bekommen Sie die Bilder der Untersuchungen auf CD-ROM mit. Ich habe bereits mit Prof. Pegel telefoniert und werde ihm heute noch eine E-Mail schreiben. Setzen Sie sich in München gleich mit ihm in Verbindung, damit die Therapie bald begonnen werden kann." *interessant, dass er alles schreibt*

Ich bedanke mich für die Informationen und für die Unterstützung und sage ihm zu, mich sofort mit Prof. Pegel in Verbindung zu setzen. Irgendwie bedaure ich es, mich von Prof. Gabler verabschieden zu müssen, da er mich nun vierzehn Jahre lang begleitet hat und auch Schwester Olga einfach ein Schatz ist, was das Kümmern und Helfen betrifft. Aber ich weiß genau, dass es für mich besser ist, wenn ich bei Moni in unserer Wohnung und meinem Umfeld in München bin. „Auf Wiedersehen Herr Professor, ich melde mich gelegentlich und informiere Sie über den Stand der Dinge."
„Auf Wiedersehen und alles Gute. Ich versichere Ihnen,

dass Sie bei Prof. Pegel in guten Händen sind. Nehmen Sie draußen noch einen Moment Platz, bis Ihnen Schwester Olga meinen Arztbrief und die CD-ROM übergibt." So gehen wir auseinander.

In meinem Appartement angekommen, packe ich jetzt noch ein paar Sachen zusammen, da ich längere Zeit in München bleibe. Der Abfall muss noch weggebracht und alles in der Wohnung ordentlich hinterlassen werden. Dann sitze ich im Auto auf der Fahrt nach München. Hoffentlich bekomme ich bald den Termin bei Prof. Pegel, damit es zügig weitergeht. Ich weiß, dass die Therapie belastend ist, betrachte sie inzwischen aber eher als „Heilungsprozess" und bin mir sehr sicher, dass ich hinterher wieder gesund sein werde.

8. Oktober

Nach einem Telefonat mit der Sekretärin von Prof. Pegel in München habe ich heute den Termin. Moni und ich sind am vergangenen Sonntag, bevor ich nach Hannover geflogen bin, schon mal hergefahren und haben die Lage erkundet. Moni ist auch heute mit dabei. Die Ambulanz und die Tagesklinik der Klinik rechts der Isar sind in einem anderen Gebäude gegenüber der Klinik. Frau Kabusch, die Sekretärin von Prof. Pegel, wusste sofort Bescheid, als ich anrief, und hat den heutigen Termin koordiniert. Nach dem Eintreffen und der Anmeldung an der Theke nehmen wir in dem kleinen Wartezimmer Platz und warten auf Prof. Pegel.

Ich höre den vertrauten Satz „Bitte kommen Sie doch mit" und Herr Prof. Pegel bringt uns in sein Besprechungszimmer. Er hat eine sehr angenehme freundliche Art und beginnt das Gespräch mit einem leicht österreichischen Akzent: „Herr Professor Gabler hat mich über Ihre Krankheitshistorie informiert", sagt er und fährt fort: „Wenn Sie mit der Therapie einverstanden sind, absolvieren Sie zwei bis drei Zyklen Chemotherapie. Nach dem zweiten Zyklus entnehmen wir die Stammzellen, machen ein CT-Staging und entscheiden dann, ob ein dritter Zyklus durchgeführt werden muss. Anschließend erfolgen eine hoch dosierte Chemotherapie und die Stammzelltransplantation. Zwischen den Zyklen liegen immer drei Wochen ..."

Im Grunde genommen entspricht das genau der Prozedur, die mir Prof. Gabler in Hannover mitgeteilt hat, d. h., es ist tatsächlich so, dass diese standardisierte Therapie überall nahezu identisch praktiziert wird. Ich frage nach, was genau ambulant und was stationär gemacht werden muss. Prof. Pegel zieht zusätzlich Prof. Kellner zum Gespräch hinzu, angeblich ein Arzt, der auf die Behandlung von Lymphomen spezialisiert ist. Und so vereinbaren wir, dass ich am 14. Oktober noch die notwendigen Untersuchungen durchführen lasse, mir anschließend in der Tagesklinik die Antikörper verabreicht werden und ab dem 15. Oktober die stationäre Chemotherapie beginnt. Außerdem wird Moni und mir dringend empfohlen, dass wir uns gegen Grippe impfen lassen, um alles dazu beizutragen, dass ich bei geschwächtem Immunsystem in der Therapie-

phase möglichst keinen Infekt bekomme. Deshalb muss
ich auch ab sofort Tabletten einnehmen, die mir vom
Professor verschrieben werden.

So weit, so gut. Jetzt geht es also los. Das ist ein
furchtbar mulmiges Gefühl. Genau weiß ich nicht, was
da auf mich zukommt, jedenfalls ist an vieles zu denken, was uns eben im Gespräch mitgeteilt wurde. Ich
bin froh, dass Moni bei mir ist. Vier Ohren hören mehr
als zwei und wir können uns immer wieder austau-
schen, ob wir beide das Gleiche verstanden haben. Jetzt
muss ich noch eine Einverständniserklärung zur vorge-
sehenen Therapie unterschreiben. In dieser wird die
Behandlung durch Chemotherapie mit ihren möglichen
Nebenwirkungen beschrieben und ich bestätige durch
Unterschrift, dass ich darüber aufgeklärt wurde. Mögliche Nebenwirkungen und Risiken sind allgemeine
Leistungsminderung, Hemmung der Blutbildung,
Übelkeit und Erbrechen, Haarausfall, Störungen von
Nervenfunktionen, vorübergehende Impotenz, Entste-
hung anderer Krebserkrankungen, Schwerhörigkeit und
Nierenschäden. Na toll, denke ich mir und hoffe, dass
möglichst wenige der genannten eventuellen Neben-
wirkungen bei mir auftreten werden.

Ab ins Auto, nach Hause und dann ans Telefon.
Mama, Markus und Stefan wollen immer auf dem
Laufenden gehalten werden. Mit Moni stimme ich ab,
wann wir den Hausarzt zur Grippeschutzimpfung
aufsuchen. Da es eilt, am besten gleich morgen. Schließlich vereinbare ich noch einen Termin beim Friseur,
um mir die Haare abschneiden zu lassen. Ich weiß noch

von meinen Chemotherapien vor vierzehn und vor vier Jahren, wie unangenehm es ist, wenn die Haare ausfallen. Deshalb am besten gleich abschneiden.

9. bis 13. Oktober

In den letzten Tagen gab es noch einiges zu erledigen. Gleich einen Tag nach dem Gespräch bei Professor Pegel waren wir bei der Hausärztin Frau Dr. Schreiber. Die Grippeschutzimpfung war rasch erledigt. Dann fragte ich noch, ob sie mich während der Therapie hausärztlich betreuen würde. Sie sagte zu und wies mich darauf hin, dass ich, wenn ich sie während der Therapie aufsuchen sollte, nicht im Wartezimmer Platz nehmen dürfe. Dort sei das Risiko einer Ansteckung viel zu groß.

Anschließend waren wir beim Friseur und haben für Samstag einen Termin vereinbart. Normalerweise hat der Friseur am Samstag immer geschlossen. Meine Friseurin Martha kommt diesmal jedoch extra für mich am Samstag, damit ich nicht mit anderen Kunden zusammenkomme, wenn mir die Haare abrasiert werden. Darüber bin ich sehr froh, da es mir davor graut, von einer Minute auf die andere eine Glatze zu haben.

Am Samstag dann hat Martha die Haare bis auf fünf Millimeter abrasiert. So lautete ihre Empfehlung, denn wenn der Rest der kurzen Haare dann ausginge, sei das nicht so schlimm. Sie hat Erfahrung in diesen Dingen, weil ihr Bruder vor einigen Jahren an Leukämie erkrankt ist und sie daher unter anderem auch das „Glatzenthema" kennt. Es ist ein seltsames Gefühl, innerhalb so kurzer Zeit keine Haare mehr zu tragen. Ich habe mir extra eine Kappe mitgenommen, da ich derart kahl nicht auf die Straße treten will. Ich muss mich an die neue Situation erst gewöhnen. Komisch ist es aber auch, im geschlossenen Friseursalon als einziger Kunde die Haare geschnitten zu bekommen. Dafür bin ich Martha jedoch sehr dankbar, denn bei Anwesenheit weiterer Kunden wäre es für mich noch schlimmer gewesen.

Anschließend war ich mit Moni noch ein paar Kleinigkeiten für die Krankenhausaufenthalte einkaufen und habe mir überdies einige Mützen zugelegt, damit mir der Kopf nicht so kalt wird. Samstag und Sonntag haben wir ganz ruhig verbracht. Am Samstagabend gab es noch ein Länderspiel im Fernsehen, Polen gegen Deutschland 2 : 0. Meine Stimmung hat das nicht unbedingt gehoben. Sonntagnachmittag waren wir im Englischen Garten spazieren, natürlich habe ich eine der gekauften Mützen getragen.

Und nun, am Montagabend, ist mir nicht nach fernsehen und nicht nach reden. Ich will nur meine Ruhe, denn morgen geht es los. Wie klappt das morgen mit den noch anstehenden Untersuchungen in der Tagesklinik und wie vertrage ich die Antikörper? Gott sei Dank bin ich morgen Abend wieder zu Hause.

III. Ab dem ersten Zyklus

14. Oktober

Schlaf habe ich heute Nacht kaum gefunden. Die Gedanken kreisten nur um den heutigen Tag. Und als ich kurz eingenickt war, hatte ich einen fürchterlichen Traum. Ich sah meine Blutbahnen, Adern und Venen. Überall floss, reines hellrotes Blut, nur an einer Stelle war es dunkel gefärbt. Da war irgendetwas, das gehörte da nicht hin. Das störte, roch unangenehm und fing an, das Blut zu zerstören – ein fremder Tropfen, der da nicht hingehörte, der falsch war, sich von mir aber nicht entfernen ließ. Schweißgebadet war ich wieder wach.

Auf dem Weg durch München gerieten wir in einen Stau, hielten aber dennoch rechtzeitig zum vereinbarten Termin vor der Klinik. Moni hat mich aussteigen lassen und ist dann zur Arbeit weitergefahren. Ich stehe an der Anmeldetheke und Frau Kabusch hat meine Akte bereits vor sich auf dem Schreibtisch liegen. „So, jetzt stehen noch einige Untersuchungen an, die drüben in der Klinik stattfinden", sagt sie. „Ich zeichne Ihnen auf dem Plan hier ein, wo Sie hin müssen: Einmal brauchen wir ein Elektrokardiogramm und dann noch einen Lungenvolumentest. Ich habe Sie bereits überall angemeldet und gebe Ihnen die notwendigen Unterlagen mit." Sie bittet mich, anschließend wieder zu ihr zu

49

kommen, damit sie mich zum Beginn der Therapie in den ersten Stock der Tagesklinik einweisen kann.

Ich bin zurück und melde mich bei Frau Kabusch an der Anmeldung. Das war fast eine Odyssee drüben in der Klinik. Fast drei Stunden hat es gedauert und nun ist schon Mittagszeit. Erst einmal bin ich durch die Gänge des Klinikums geirrt und habe den Bereich gesucht, wo das Elektrokardiogramm (EKG) angefertigt wird. Das war glücklicherweise ganz in der Nähe. Doch anschließend ging es abermals durch die halbe Klinik, Gang rechts, dann wieder links, dann Treppen nach oben und wieder links – oder so ähnlich. Auf jeden Fall habe ich endlich auch den Bereich gefunden, in dem der Lungenvolumentest durchgeführt wird. Überall war natürlich Warten angesagt, so auch beim Lungenvolumentest in einem kleinen Vorraum. Nach meinem Aufruf kam ich in einen großen Raum mit verschiedenen Tischen, Computern, Geräten und Kabinen. Nachdem meine Daten nochmals aufgenommen worden sind, bat man mich in einer Kabine Platz zu nehmen und ein Mundstück, das mit einem Schlauch verbunden war, in den Mund zu nehmen. Dann wurde die Tür geschlossen und ich erhielt Anweisungen über einen Lautsprecher: „Fest einatmen, Luft anhalten und jetzt die gesamte Luft herauspressen!", hieß es. Das erfolgte mehrmals in verschiedenen Varianten. Dann trat ich in die Pedalen eines Fahrradergometers, wobei mir am Ohr Blut abgenommen wurde. Das zog sich fast eine halbe Stunde lang hin, bis ich mit einem „Alles okay" entlassen wurde.

Frau Kabusch reichte mir meine Patientenakte: „Dann haben Sie alle Voruntersuchungen geschafft und können jetzt in den ersten Stock der Tagesklinik gehen. Ich wünsche Ihnen alles Gute." Ich nehme die Akte, die inzwischen bereits einen gewissen Umfang erreicht hat, und gehe die Treppen hinauf in den ersten Stock. Im Treppenhaus sehe ich mal kurz hinein. Soweit ich erkennen kann, scheinen sowohl das Elektrokardiogramm, als auch der Lungentest in Ordnung gewesen zu sein bzw. keine Auffälligkeiten ergeben haben. Alles verstehe ich nicht, was da niedergeschrieben ist. Es handelt sich um viele medizinische Fachbegriffe, die ich zwar einigermaßen einordnen, jedoch nicht genau übersetzen kann. Mir fällt auf: Egal, in welchem Bereich der Klinik ich bin und wo meine Daten am Computer aufgerufen werden, anscheinend sind bereits alle aktuellen Untersuchungsergebnisse aufgenommen und einsehbar.

Im ersten Stock wuselt es nur so von Krankenschwestern. Ich spreche eine an, die jedoch keine Zeit für mich hat, da sie in Eile ist. Bei der nächsten habe ich mehr Glück. „Ich bin Schwester Anna. Bitte noch ein klein wenig Geduld. Momentan sind alle Stühle in der Tagesklinik besetzt, aber in Kürze wird einer frei", erklärt sie mir lächelnd. Da geht es einem gleich besser, wenn jemand gute Laune und ein Lächeln aufbringt. Also muss ich wieder einmal warten.

Diesmal sind es jedoch nur zehn Minuten. Ich werde in einen großen, lang gestreckten, hellen Raum geführt, in dem an der Fensterfront die Tagesklinikstühle stehen. Sie sind bis auf einen in der Mitte alle besetzt. Zu diesem einen werde ich geführt. „Nehmen Sie Platz", sagt Schwester Anna, „und machen Sie es sich bequem. Ich komme gleich wieder zu Ihnen." Ich setze mich in den Stuhl, stelle meine Tasche daneben und fahre den Stuhl mit den Knöpfen auf der rechten Armlehne in eine bequeme halbe Liegeposition. Dann sehe ich mich erst einmal um. Ältere und junge Patienten sind rechts und links neben mir. Gegenüber ist eine Art Theke, hinter der die Schwestern immer wieder Unterlagen ansehen und den PC bedienen. Dahinter steht eine Regalwand, in der die Akten liegen. Die Schwestern machen immer wieder Späße mit den Patienten, die sie anscheinend schon länger kennen, ansonsten ist es ruhig. Nur die Apparate, die die Medikamentengabe steuern, hört man mit leisen Geräuschen: klack, klack, klack …

Schwester Anna hat mich informiert, dass wir noch auf die Ärztin warten müssen, von der die Nadel gelegt wird. Dann erst können die Infusionen beginnen. Vorab gibt sie mir einige Tabletten, die ich gleich einnehmen soll, und fragt mich, ob ich etwas trinken möchte. Mir fällt ein, dass ich heute bisher weder etwas getrunken noch gegessen habe. „Bitte, wenn Sie Wasser haben", sage ich. Und da ich mir schon gedacht habe, dass der Tag heute lang werden kann und ich auch in meinen Bewegungen etwas eingeschränkt bin, habe ich mir ein belegtes Brot mitgenommen, das ich jetzt aus der Tasche nehme, auspacke und esse.

Das Brot hat geschmeckt. Manchmal ist der Appetit auch da, wenn man aufgrund der Umstände meint, keinen Bissen hinunter zu bekommen. Und dann geht es doch und schmeckt sogar. Eine halbe Stunde ist das jetzt her und nun erscheint die Ärztin: „Ich bin Frau Dr. Schaller. Ich lege Ihnen jetzt die Nadel", begrüßt sie mich. Ich halte ihr den linken Arm hin. Sie bindet mit dem Gurt den Oberarm ab, tätschelt die Stelle, an der sie einstechen will, und sprüht Desinfektionsmittel darauf. Dann nimmt sie eine Nadel aus der Verpackung, setzt an und sticht in die Vene. Es hat geklappt. Als das Blut fließt, nimmt sie einige Röhrchen ab und verschließt die Nadel anschließend mit einer Kappe. „Wir machen noch ein Blutbild, und wenn alle Werte in Ordnung sind, beginnen wir mit der Antikörpergabe. Sie hatten ja schon mal Antikörper vor vier Jahren. Wie haben Sie diese denn vertragen?" Ich antworte: „Sehr gut. Ich kann mich erinnern, dass die Antikörper-Infusion immer über vier Stunden lief. Erst ganz langsam und dann wurde immer weiter gesteigert." Frau Dr. Schaller erläutert mir noch, dass es hier und heute genauso erfolgt, und geht dann weiter zu einem anderen Patienten.

Einige Zeit später ging das Prozedere los. Erst etwas gegen Übelkeit, Cortison und was weiß ich noch und dann die Antikörper, genannt Rituximab. Alles läuft in den Körper rein. Einmal dachte ich mir, mir wird ganz komisch. Ob es mir vielleicht schlecht wird? Aber das war schnell wieder vorüber. Ab und zu kommt eine der Schwestern vorbei und fragt nach, ob alles in Ordnung sei, was ich immer freundlich bejahe. Ich habe die Zeitung dabei, aber das Lesen funktioniert nicht. Das Umblättern der großen Seiten gelingt mir nicht, wenn ich angestöpselt bin und nur eine Hand frei habe. Ich versuche meinen Krimi auf dem Kindle zu lesen, aber auch das gelingt mir nicht, nun, aber weil ich mich nicht konzentrieren kann. Dann werde ich eben mein Umfeld beobachten. Rechts von mir sitzt ein älterer Herr, der ganz blass ist und wenig mit den Schwestern spricht. Links von mir ist eine Dame, die ihr eigenes Kissen dabei hat. Sie war bestimmt schon öfter hier. Und im Stuhl neben ihr sitzt ein junges Mädchen mit Kopftuch und ganz traurigem Blick. Die Stühle dahinter sind teilweise leer, da die Patienten dort ihre Infusionen bereits bekommen haben und gehen konnten. Eben ist noch ein junger Mann gekommen, der jedoch nur eine Spritze erhält und sich gleich wieder verabschiedet. Was mögen hier wohl täglich für Krankenschicksale in die Tagesklinik kommen?

Es ist 16.30 Uhr und ich habe es geschafft. Alle Beutel an meinem Infusionsständer sind leer. Die Tagesklinik hat sich auch schon geleert. Bis auf einen Patienten sind alle fort und die Schwestern haben bereits mit dem Aufräumen und Herrichten für morgen begonnen. Bei mir werden ebenfalls die leeren Beutel abgenommen und die Nadel wird aus dem Arm gezogen. „Drücken Sie noch etwas auf die Einstichstelle und dann können Sie gehen. Hier ist noch ein kurzer Arztbrief", sagt Schwester Anna. „Auf Wiedersehen und vielen Dank für alles", antworte ich. Lieber wäre mir natürlich kein

Wiedersehen und ich wäre gesund. Moni habe ich schon angerufen; sie wird gleich da sein und mich abholen. Bevor sie eintrifft, lese ich noch schnell den Arztbrief. „Heute Rituximabgabe vor 1. Zyklus R-DHAP – Fortführung der Therapie auf Station 3/5." So weit, so gut. Und oben steht noch mal die Diagnose: „Rezidiv cervikal, paraphyrengeal, nuchal, supraklavi-kulär, infraklavikulär, subkutan im Bereich des oberen Thorax und der Schulter rechts, beiden Oberarmen, axillär, links paratracheal, bds. iliakal, bds. inguinal, laterale Femurkondylen bds.; kein KM-Befall." Ich will das gar nicht alles verstehen. Ich weiß nur eines: Mit der Therapie heute hat die Heilung begonnen.

Als ich aus der Tagesklinik auf die Straße komme und in das Auto einsteige, merke ich, dass auf dieser Welt alles ganz normal weiterläuft. Es ist Feierabend-verkehr; die Menschen sitzen in ihren Autos, kommen von der Arbeit und fahren bestimmt nach Hause. Sie denken gar nicht an Krankheit, Tagesklinik, Infusionen und solche Dinge. Bestimmt läuft in meiner Firma ebenfalls alles seinen Gang. Jeder geht wie immer seiner Arbeit nach und führt sein „normales Leben". Wie gern wäre ich so unbekümmert auch dabei und wünschte, ich könnte diese Diagnose und Therapie vergessen. Moni reißt mich aus meinen Gedanken: „Wie geht es dir? War es schlimm heute? Ich habe den ganzen Tag an dich gedacht." Ich erzähle ihr, wie heute alles abgelau-fen ist und dass ich zwischendurch immer wieder warten musste. Und ich sage ihr, dass ich mich freue, jetzt nach Hause zu kommen und erst morgen früh wieder in die Klinik zu müssen. Und weiter: „Mir geht es ganz gut. Manchmal ist mir etwas mulmig, aber es geht schon. Anscheinend habe ich bis jetzt alles ganz gut vertragen." Moni macht sich trotzdem Sorgen. Wir wechseln das Thema und überlegen, was wir heute Abend noch essen.

15. Oktober

Die Tasche ist gepackt. Heute geht es für ein paar Tage in die Klinik. Natürlich bin ich angespannt und habe Angst vor dem, was da alles auf mich zukommt. Deshalb habe ich auch kaum geschlafen. Nach dem Duschen und einem kleinen Frühstück geht es los. Es ist ein trüber Tag, acht Grad heute Morgen und Nebel. Das passt zu meiner Stimmung.

Um zehn Uhr sollte ich da sein. Es ist zehn Minuten vor zehn. Am Klinikeingang ist schon viel Betrieb, ein großes Kommen und Gehen. Bevor ich die Station 3/5 suche, erkundige ich mich lieber noch mal bei der Information am Eingang. „Gehen Sie hier vorn den Gang links, bis sie das Schild ‚HNO-Station' sehen.  Gehen Sie durch die HNO-Station bis fast zum Ende des Ganges und dann links in den ersten Stock hinauf", sagt die Dame. Freundlich sieht sie mich dabei nicht an, eher genervt. Ich folge dem Weg gemäß ihren Hinweisen und passiere die HNO-Abteilung. Hier stehen Betten in den Fluren; viele Patienten, Ärzte und anscheinend Besucher gehen auf und ab. Teilweise stehen die Türen offen und ich kann in die Krankenzimmer sehen, wo Patienten mit dick verbundenen Nasen in den Betten liegen. Ach, hätte ich doch auch „nur" eine gebrochene Nase oder so etwas ähnliches, denke ich mir. Dann ist links eine Glastür und oben hängt ein Schild: „Station 3/5, 1. Stock". Ich steige die Treppe hinauf und stehe wieder vor einer Glastür – die Station 3/5. Direkt dahinter, gegenüber der Glastür, ist eine Art Anmeldung mit einer Theke. Die Schwester dahinter ist in Eile und sagt nur: „Einen kleinen Moment bitte, es kommt gleich jemand."

„Guten Tag, ich bin Schwester Ludmilla. Ich helfe Ihnen bei der Aufnahme", werde ich angesprochen. „Haben Sie denn die Anmeldung dabei?" „Welche Anmeldung?", frage ich. Schwester Ludmilla erklärt mir, dass immer, wenn eine stationäre Aufnahme erfolgt, die Patienten sich am Schalter in der Nähe des Haupteingangs anmelden müssen. Dort werden dann die Formalitäten für den stationären Aufenthalt erledigt. Darauf hat mich allerdings niemand hingewiesen und ich überlege, wie diese „Erledigung der Formalitäten" wohl bei Notfällen abläuft. „Gut, dann gehe ich wieder zurück und melde mich an. Kann ich denn meine Tasche hierlassen?" Also marschiere ich wieder los und nehme den gleichen Weg zurück.

Eine halbe Stunde dauert diese „Anmeldung" insgesamt. Auch dort herrscht ein Riesenandrang. Ich ziehe die Wartenummer 309 und vergleiche sie mit dem aktuellen Stand der elektronischen Anzeigetafel: „Nummer 291, Zimmer 3". In meinem „normalen Leben" und in meinem Beruf war ich immer terminlich eng

Hinweis auf bevorst. Stellg

verplant und es mussten eher meine Gesprächspartner
warten, als ich selbst. Doch jetzt muss ich das Warten
anscheinend aushalten, was mir nicht leicht fällt. Ich
kann mich an einen Artikel in der *Welt* erinnern. Dort
wurde berichtet, dass wir Menschen das Warten verler-
nen. Doch Warten habe, so unangenehm es sein könne,
etwas mit Selbstdisziplin zu tun. Ein Kommunikati-
onswissenschaftler der Uni Mannheim sagte, dass
Warten Momente der Kontemplation ermögliche, diese
Pausen also zur beschaulichen Betrachtung genutzt
werden können. Man lässt die Welt auf sich wirken und
findet unverhofft Zeit zum Nachdenken. Ehrlich gesagt,
kann ich dieser Theorie momentan nur wenig abge-
winnen. Mich regt das Warten eher auf, und zwar
deshalb, weil mir lieber wäre, mit meiner Therapie
ginge es schneller voran. Nach einigem Warten bin ich
endlich zur Anmeldung an der Reihe. Die Dame hinter
der Glaswand nimmt sämtliche Daten auf, auch meinen
Wunsch nach einem Zweibettzimmer. Dann druckt sie
verschiedene Formulare aus, die ich unterschreiben
muss, und wünscht mir alles Gute.

„Schwester Ludmilla, ich bin zurück. Hier sind die
Anmeldeformulare für Sie." Die Schwester nimmt
einen Teil der Formulare entgegen, führt mich dann in
eine Art Aufenthaltsraum und bittet mich wieder zu
warten. In dem kleinen Raum gibt es auf der einen Seite
eine Art Küchenschrank, einen Tisch und eine kleine
Eckbank. In der Ecke neben der Eingangstür befindet
sich ein Waschbecken. Auf dem Tisch liegen einige
Zeitungen. Ich versuche wieder mal zu lesen, um mir

irgendwie die Zeit zu vertreiben. Aber auch diesmal funktioniert das nicht. Ich bin viel zu aufgeregt und neugierig, wie es jetzt weitergeht.

„So, wir fangen dann mal an", sagt Schwester Ludmilla und kommt mit einer Art Rollstuhl und verschiedenen Utensilien ins Zimmer. Sie legt das Krankenblatt auf den Tisch und notiert darauf meinen Namen und das heutige Datum. Dann fragt sie mich nach meiner Größe und bittet mich, auf dem Rollstuhl Platz zu nehmen, um mich zu wiegen. „Dies ist kein Rollstuhl, sondern eine Waage", erklärt sie mir und ergänzt: „Wenn Sie während der Therapie mehr als drei Kilogramm zunehmen, bedeutet das, Flüssigkeit lagert sich im Körper ein. Wir müssen Ihnen dann zur Regulierung ein Medikament verabreichen." Nach dem Wiegen wird noch meine Körpertemperatur gemessen und sie fragt mich nach Vorerkrankungen, Allergien sowie Art und Menge einzunehmender Tabletten. Meine Antworten notiert sie auf dem Krankenblatt. Außerdem hat sie kleine Karteikarten dabei und bespricht mit mir, was ich morgen essen will. „Diese Karten bekommen Sie jeden Morgen und füllen sie bitte für Frühstück, Mittag- und Abendessen des nächsten Tages aus. Für morgen übernehme ich das gleich: Möchten Sie zum Frühstück Brot oder Semmeln, Kaffee oder Tee – welchen Tee? Butter oder Margarine? Möchten Sie Wurst, Käse, Quark, Marmelade oder Honig?" Dann fragt sie auf die gleiche Weise meine Wünsche für das Mittagessen und das Abendbrot ab. Ich bin etwas überfordert, da ich noch gar nicht weiß, ob und worauf ich morgen

Appetit habe. Deshalb gebe ich irgendetwas an und denke, es wird schon irgendwie passen.

Das Aufnahmeritual scheint damit erledigt zu sein. Es sind ja auch erst zwei Stunden vergangen, seit ich in die Klinik marschiert bin. Schwester Ludmilla hat mich in „mein" Krankenzimmer gebracht. Sie sagte, es handelt sich um ein Dreibettzimmer, das jedoch nur mit zwei Patienten belegt ist. Das Zimmer ist geräumig; mein Bett steht gleich rechts bei den Schränken. Vorn am Fenster ist links ein Bett belegt; der Patient scheint gerade zu schlafen. Und daneben sitzt ein Patient auf dem Bett und kleidet sich gerade an. Er hat eine Glatze, wirft mir einen traurigen Blick zu und hat anscheinend keine Lust zu reden. Er antwortet nur sehr kurz mit „ja", als ich ihn frage, ob er nach Hause entlassen wird. Na dann eben nicht. Ich ziehe mich um, T-Shirt und Sporthose reichen hier. Meine normale Kleidung hänge ich in den kleinen Schrank, Handy und Kindle lege ich in das Beistelltischchen neben dem Bett. Kaum habe ich alles untergebracht, klopft es an der Tür und ein Arzt kommt ins Zimmer. Er spricht mich an: „Kommen Sie doch bitte mit. Wir legen den Halskatheter." Halskatheter? – Ich habe fest damit gerechnet, einen Port implantiert zu bekommen. Aber der Arzt erklärt mir, dass bei meiner Therapie ein Halskatheter ausreichend sei und dass an der Klinik hier viel mit zentralem Halskatheter, genannt ZVK, gemacht wird.

Wir sind in einem kleinen Arztzimmer. Ich ziehe mein T-Shirt aus und lege mich auf die Liege. Der Arzt, er heißt Dr. Jäger, bereitet einige Apparate und Instrumente vor. „Wir machen jetzt eine örtliche Betäubung, dann spüren Sie nichts, wenn ich den Halskatheter setze. Wie groß sind Sie denn?", fragt er und erklärt mir auf meine Nachfrage hin, dass über eine Formel anhand der Körpergröße ermittelt werde, wie weit der Halskatheter eingeführt werden darf, damit er nicht zu nah am Herzen sitzt. Dies würde ansonsten zu Herzflimmern führen. „Zusätzlich werden Sie anschließend geröntgt, um zu kontrollieren, ob der Halskatheter richtig sitzt", kündigt er mir an und bittet mich: „Den Kopf nach links legen. Dann bekommen Sie ein grünes Tuch über das Gesicht, und sobald Sie nichts mehr spüren, beginnen wir", spricht Dr. Jäger weiter. Naja, ein wenig spürt man schon, wenn rechts am Hals die Vene angestochen und etwas in sie eingeführt wird. Wenn ich auch keine Schmerzen litt, so war es doch kein angenehmes Gefühl.

Zurück im Zimmer, kann ich beim Blick in den Spiegel nun nicht mehr leugnen, dass ich Patient bin. Seitlich rechts kommt ein Schlauch aus dem Hals, außen herum mit einem Pflaster festgeklebt und geht dann in drei Schläuche über, die alle mit Kappen verschlossen sind. Selbst sehe ich es nicht, aber aus einem dieser Schläuche hat mir Dr. Jäger bereits Blut abgenommen. „Wenn die Blutwerte in Ordnung sind, können wir bald mit der Therapie beginnen", hat er dazu erläutert. Beim Röntgen war ich ebenfalls schon. Ich wurde abgeholt und durch das Haus begleitet. Erst wollte mich der „Transporteur" mit dem Rollstuhl fahren, was ich jedoch abgelehnt habe. Also bin ich neben ihm hergelaufen und jeder, der an mir vorbeikam, hat einen kurzen Blick auf meinen Hals und die dort baumelnden Schläuche riskiert.

Im Zimmer sind wir inzwischen zu zweit. Das Bett links der Tür ist verwaist und der ältere Patient am Fenster, der vorher geschlafen hat, ist jetzt wach. Er stellt sich als Herr Breitschadel vor und nuschelt etwas schwer Verständliches. Ich bekomme nur mit, dass ihm heute einen Port gesetzt wurde und er nun müde ist. Dann dreht er sich wieder auf die Seite und will anscheinend weiterschlafen.

Dann wird bei mir mit den Infusionen begonnen. R-DHAP nennt sich die Therapie und ich verliere bald den Überblick, was die Schwestern schon für Infusionen in mich haben hineinlaufen lassen. Der Arzt, der mir jetzt die Chemo anschließt, erklärt mir alles noch einmal: „Sie bekommen eine Platinwässerung, vor der Chemo einen Liter, nach der Chemo drei Liter. Sie erhalten etwas gegen Übelkeit und Sie bekommen Cortison. Und nun schließen wir die Chemo an. Cisplatin heißt diese und läuft über 24 Stunden. Nach einer entsprechend langen Pause erhalten Sie zweimal drei Stunden lang Ara-C und dazu täglich noch vierzig Milligramm Dexamethason, das entzündungshemmend und dämpfend auf das Immunsystem wirkt."

Es klingt brutal, was da alles an Chemie in den Körper läuft. Wie vertrage ich das alles? Welche Nebenwirkungen kommen auf mich zu? Meine Stimmung ist ziemlich am Boden. Ich würde mich jetzt so gern mit beruflichen oder sonstigen Problemen herumschlagen und den ganzen Mist hier vergessen. Aber es nützt ja nichts, ich will gesund werden und dann muss das hier eben sein: all die Infusionen und Tabletten, die außerdem noch auf dem Beistelltisch liegen.

Der Arzt hält den Beutel mit der Aufschrift „Cisplatin" in der Hand, betrachtet den Aufkleber darauf und fragt mich: „Wie lautet Ihr Geburtsdatum bitte?" Ich gebe Auskunft und er vergleicht meine Angabe nochmals mit der Aufschrift auf dem Beutel. Damit soll sichergestellt werden, dass nichts verwechselt wird und auch jeder seine spezielle Chemo bekommt. Dass es sich hier tatsächlich um meine ganz individuell komponierte Chemo handelt, beruhigt mich ungemein. Der Infusionsbeutel ist in Alufolie eingeschlagen und der signalrot hervorstechende Aufkleber erinnert an die Gefahrenkennzeichnung giftiger Substanzen – fehlt nur noch der schwarze Totenkopf darauf. Der Arzt hängt die Infusion ein und legt den Schlauch durch den Apparat am Infusionsständer, der den Durchlauf reguliert. „Diese Chemo läuft jetzt ca. 24 Stunden. Wenn irgendetwas ist, läuten Sie bitte der Schwester. Bis später", verabschiedet sich der Arzt.

Doch kurz darauf stürzt Dr. Jäger nach kurzem Klopfen schon wieder ins Zimmer und eilt vom Schreck gezeichnet auf mich zu: „Die Röntgenbilder zeigen, dass wir den Katheter drei Zentimeter zu weit eingeführt haben. Haben Sie Herzflattern?" Ich verneine und Dr. Jäger sagt: „Wir müssen den Katheter etwas herausziehen. Wir machen das gleich hier. Wenn Sie sich mal verkehrt herum auf das Bett legen, dann komme ich da gut ran." Er schließt die Chemo wieder ab, damit der

Halskatheter frei von Schläuchen ist. Dann entfernt er das Pflaster, mit dem der Katheter befestigt war, und zieht den Katheter zurück. Es ist ein Gefühl, als wenn eine Nadel im Körper steckt und herausgezogen wird. Ich höre ein: „So, erledigt." Dann wird mit einem Pflaster wieder alles befestigt und die Chemo erneut angeschlossen. Vom logischen Ablauf her ist das sicher anders vorgesehen: Erst Katheter setzen, dann Röntgen, dann prüfen, ob alles in Ordnung ist und der Katheter richtig sitzt. Und erst dann sollten die Infusionen angeschlossen werden. Naja, es ist ja nichts passiert. Trotzdem nehme ich mir vor, so weit ich das kann, auch selbst mit aufzupassen. Und ich werde mir noch genauer als bisher die Abläufe, die einzelnen Medikamente und den Therapieplan erklären lassen.

Momentan läuft das Zeug zwar in den Körper, aber ich merke davon noch nichts. Nur dass ich angehängt und dadurch ziemlich fixiert bin, stört etwas. Vom Hals aus gehen die Schläuche hinüber zum Medikamentenständer. Dadurch kann ich nur auf einer Seite liegen und muss immer darauf achten, dass sich nichts verheddert. Ein Toilettengang bedeutet daher, den Durchlaufapparat vom Stromnetz nehmen, also Stecker raus, den Ständer mit der rechten Hand führen, um das Bett herum schieben und dabei immer aufpassen, dass man nicht über den Schlauch fährt. Diesmal hat es nicht so gut geklappt. Ich muss den Schlauch wieder entwirren und habe vergessen, den Apparat wieder ans Stromnetz anzuschließen. Der Akku funktioniert nicht mehr so richtig, da der Apparat offenbar schon älter ist, und so fängt das Ding jetzt an zu piepsen. Das heißt, ich muss der Schwester klingeln. Es tutet im Zimmer und im Krankenhausflur; an der Eingangstür leuchtet ein rotes Lämpchen. Und schon ist eine der Schwestern da, richtet und kontrolliert wieder alles. „Danke Schwester", sage ich. „Beim nächsten Mal passe ich besser auf." „Ist schon in Ordnung, dafür sind wir ja da", antwortet sie.

Wieder mal klopft es und eine Frau mit weißem Kittel und Mundschutz kommt zu mir ans Bett: „Ich bin Frau Dr. Fehl. Wir führen eine Studie durch und fragen, ob Sie daran teilnehmen würden. Es geht darum, dass es Keime gibt, gegen die ein Großteil der uns bekannten Antibiotika wirkungslos ist. In den letzten Jahren haben die Infektionen durch multiresistente Erreger stark zugenommen. Im Rahmen der Studie wollen wir durch gezielte Projekte zur Antibiotikatherapie die Häufigkeit von multiresistenten Erregern verringern." Ganz spontan erkläre ich mich zur Teilnahme an der Studie bereit. Zum einen bietet das Gespräch mal wieder eine Abwechslung zu meinem normalen Krankenhausalltag mit Messen und Wiegen, mit Tabletten und Infusionen. Zum anderen ist das ein Thema, mit dem ich mich auch beruflich beschäftige. Viele wissen gar nicht, dass sich Verantwortliche bei den Krankenkassen auch mit Qualität im Gesundheitswesen beschäftigen. Bei der Kaufmännischen Krankenkasse haben wir dieses Thema zumindest ganz oben mit auf der Agenda. Daher kommt es mir gelegen, dass ich

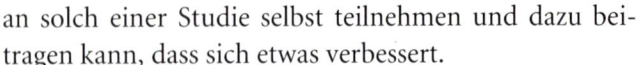

an solch einer Studie selbst teilnehmen und dazu beitragen kann, dass sich etwas verbessert.

Frau Dr. Fehl erklärt mir weiter: „Was wir für die Studie unter anderem bestimmen müssen, ist die Anzahl von Patienten, die in das Klinikum rechts der Isar aufgenommen werden und zu diesem Zeitpunkt bereits mit multiresistenten Erregern infiziert sind. Dazu benötigen wir von Ihnen einen Rektalabstrich und einen ausgefüllten Fragebogen." „Mich interessiert das, können Sie mir noch etwas mehr zu der Studie erzählen?" frage ich sie. „Anhand des Abstrichs wird im Mikrobiologischen Institut eine genaue Analyse der Bakterienkultur durchgeführt. Wenn Erreger entdeckt werden, erfolgen weitere Typisierungen an der Uniklinik Köln. Nachgewiesene Erreger werden bis zum Ende der Studie, ca. Ende nächsten Jahres, aufbewahrt. Eventuell werden bei einem Nachweis auch gleich entsprechende Hygienemaßnahmen getroffen. Natürlich wird bei allen Erhebungen dem Datenschutz Rechnung getragen." Ich erfahre noch, dass vorgesehen ist, ca. 5.000 Patienten für diese Studie zu gewinnen, und zwar in den Unikliniken in Berlin, Hamburg und hier in München. Frau Dr. Fehl bedankt sich, dass ich daran teilnehme und ich unterschreibe die entsprechende Einwilligungserklärung. Der Rektalabstrich wird gemacht und ich beantworte die entsprechenden Fragen auf dem Formular. Damit bin ich jetzt ein Teilnehmer dieser Studie und wieder ist eine halbe Stunde vergangen.

Es wird langsam Abend und Herr Breitschadel ist wach. Wir setzen uns zum Abendessen sogar gemeinsam an den Tisch. Es gibt zwei Scheiben einfaches Mischbrot, dazu zwei Scheiben Wurst und eine Scheibe Käse. Eine Tasse ist zu drei Vierteln mit lauwarmem Wasser gefüllt – ach ja, der Teebeutel liegt daneben. „Dann wünsche ich Ihnen guten Appetit", sage ich zu Herrn Breitschadel. Ich bleibe mal beim Sie; irgendwie ist er ein komischer Kauz. „Ebenfalls", antwortet er und erzählt mir dann, dass er Leukämie habe, dass er nach drei Monaten Aufenthalt hier in der Klinik jetzt zwei Wochen zu Hause war und die Therapie mit Chemo jetzt weiterginge. Seine Stimme ist leise, sodass ich aufmerksam bleiben muss, wenn er weiter erzählt. Er hat heute den Port gesetzt bekommen und sei ständig müde. Er sei früher im Flugzeugbau als Ingenieur tätig gewesen und schon lange in Rente. 83 Jahre alt ist er. Bei unserem Gespräch, in dem ich jetzt auch von mir erzähle, stelle ich fest, dass er ein intelligenter älterer Herr ist, der aber schon auch seine Macken hat. Zum Abschluss unseres Gespräches bittet er mich darum, nachts das Licht im Bad brennen und die Tür einen Spalt breit offen zu lassen, damit er sich orientieren könne. Er geht wieder zu seinem Bett und ich nehme ebenfalls meinen Begleiter, den Medikamentenständer an die Hand und schaffe es ohne Unfall wieder zu meinem Bett zu kommen.

Die Nachtschwester war schon da und hat sich vorgestellt: „Ich bin Schwester Helga und bin heute Nacht für Sie da. Klingeln Sie, wenn irgendetwas ist." Dann

ohne Herr

hat sie noch die Schläuche und den Durchlaufapparat kontrolliert, war noch kurz bei Herrn Breitschadel am Bett und dann wieder weg. Breitschadel schnarcht. Ich kann nicht schlafen und hänge einfach meinen Gedanken nach. Der Durchlaufapparat gurgelt und schnurrt, im Flur höre ich immer wieder diesen Hupton, der bedeutet, dass irgendwo nach der Schwester geklingelt wurde. Warum vergeht die Zeit denn nicht schneller?

16. Oktober

Zweimal musste ich vergangene Nacht nach Schwester Helga klingeln, da der Apparat am Infusionsständer gepiepst hat und die Infusion nicht richtig lief. Um 6.30 Uhr war ich nach der schlaflosen Nacht im Bad und habe versucht, mich zu waschen. Mit dem Katheter im Hals und dem Medikamentenständer als rollendem Begleiter ist das schwierig. Mit Verrenkungen und gewisser Vorsicht habe ich es jedoch geschafft und nach dem Rasieren habe ich mich dann sogar etwas frischer gefühlt. Die Medikamente für diesen Tag hat die Nachtschwester heute Morgen um fünf Uhr zusammen mit den Karteikarten für die Essenswahl für den nächsten Tag auf den Nachttisch gelegt. Wiegen, Temperatur messen und die Frage nach dem Stuhlgang – also das übliche Morgenritual – fand auch schon statt.

Das Frühstück schmeckt. Ich habe überraschenderweise Hunger. Die Chemo läuft noch bis heute Nachmittag und ich merke bis jetzt kaum etwas. Komisch, wie in einem Nebel ist mir manchmal zumute; dies vergeht jedoch immer wieder.

Trotz meines Wunsches nach einem Zweibettzimmer haben wir nun einen dritten Patienten bei uns. Heute Mittag hat ihn die Aufnahmeschwester herein begleitet, einen 56-jährigen kräftigen Mann, der sich mit fester Stimme bekannt gemacht hat: „Hallo Grüßgott, ich bin der Peter. Wie läuft denn das hier alles so?" Und fünfzehn Minuten später wusste ich so ziemlich alles über ihn: Versicherungsmakler aus Rosenheim, verheiratet, zwei Kinder. „Ich bin hier, um noch mal Chemo zu kriegen und dann soll in zwei bis drei Wochen bei mir eine Stammzelltransplantation gemacht werden. Ich hoffe, das geht alles recht schnell und ich bin gleich wieder fit, denn ich muss arbeiten. Ich kann meinen Laden und meine Mitarbeiter nicht so lange allein lassen." Oha, denke ich, der ist ja schlimmer als ich. Nachdem ich nun zum dritten Mal erkrankt bin, habe ich dazugelernt. Meines Erachtens funktioniert die Therapie nicht, wenn man sich nicht auf die Krankheit einlässt. Peter tut so, als hätte er Grippe und die Therapie läuft mal so locker nebenbei. Er wird womöglich auch noch lernen müssen. Hoffentlich erleidet er keine Rückschläge und fällt psychisch in ein Loch.

Am Nachmittag um fünfzehn Uhr waren zwar die angekündigten 24 Stunden vorbei, aber die Chemo war immer noch nicht vollständig durchgelaufen. Bis siebzehn Uhr hat es gedauert, als es endlich so weit war. Ich habe der Schwester geklingelt, die die Chemo abgenommen hat, dann die Infusion zum Nachspülen laufen ließ und weitere Infusionen angehängt hat, ich glaube zur Wässerung. So langsam verliere ich den Überblick. Ich kann mir nicht alles merken und die Konzentration lässt auch nach. Ich habe keine Lust zu lesen oder mich mit sonst etwas zu beschäftigen. Nennt man das schon dahinvegetieren? Noch zweimal eine dreistündige Chemo mit ihren ganzen Begleitinfusionen und entsprechenden Pausen dazwischen, dann habe ich es zunächst mal geschafft. Vielleicht klappt es und ich komme morgen hier raus und kann nach Hause.

Peter hat vehement über das Abendessen gemeckert. Er ging so weit, dass er sagte: „Bei diesem Fraß bleibe ich nicht hier. Da lasse ich mich in eine andere Klinik verlegen." Herr Breitschadel und ich haben ihn dann erst mal wieder auf den Boden der Tatsachen zurückgeholt und daran erinnert, dass nicht das Essen das Wichtigste für uns ist, sondern die Therapie, und dass wir hier medizinisch hervorragend betreut werden. Nach diesem Hinweis hat er sich dann auch schnell wieder beruhigt.

Ich bekomme soeben von einem Arzt die nächste Chemo angehängt. Es ist 23 Uhr und zu dieser Zeit muss die Schwester erst einen diensthabenden Arzt aus dem Haus rufen, da auf der Station nachts kein Arzt ist. Das dauert, weil die diensthabenden Ärzte auch die Notfälle versorgen, wird mir erklärt. Aber jetzt ist er ja da. Für die nächsten drei Stunden läuft nun wieder eine Chemo, die sich in der Fachsprache „Ara-C" nennt. Mir geht es zwar immer noch ganz gut, trotzdem erscheint mir allmählich alles so unwirklich und ich habe das Gefühl, in einer Nebelwand zu stecken. Gott sei Dank ist mir nicht schlecht, aber gegen die Übelkeit bekomme ich ja auch Infusionen. Und das Cortison putscht irgendwie auf. An Schlaf ist überhaupt nicht zu denken. Herr Breitschadel schläft und Peter schnarcht. Im Flur höre ich ab und zu die Schwesternklingel. Wenn die Chemo in drei Stunden durchgelaufen ist, muss ich ebenfalls der Nachtschwester klingeln.

17. Oktober

Zwei Nächte konnte ich keinen Schlaf finden. Um zwei Uhr war in der letzten Nacht die Chemo durchgelaufen und ihr Rest lief dann so ab: Der Schwester klingeln, warten, bis sie kommt, die Chemo abhängen, nachspülen, die Schwester kommt wieder und hängt den Wässerungsbeutel an … Um fünf Uhr kam die Nachtschwester dann noch einmal vorbei und fragte nach, ob alles in Ordnung sei, und brachte die Essenskarten und die Medikamente für den heutigen Tag.

Das Waschen heute Morgen war wieder eine halbe Katastrophe. Mich stören die ganzen Schläuche und der Medikamentenständer. Ich fühle mich körperlich schwach und habe schlechte Laune. Und immer wenn ich Wasser trinke, stößt es mich auf. Herr Breitschadel schläft immer noch und Peter pfeift ein Lied vor sich hin. Er hat auch schon eine Chemo hinter sich, die jedoch nur eine Stunde lang lief. Er hat keinen Halskatheter, ist momentan abgestöpselt und kann ohne

Behinderung duschen gehen – nicht etwa, dass ich ihn beneide …

Zum Mess- und Wiegeritual kommt heute eine Schwester, die ich noch nicht gesehen habe. Trotz ihres Mundschutzes ist zu erkennen, dass sie ostasiatischer Abstammung ist. Sie stellt sich als Schwester Son vor. „Ich heute haben Dienst. Jetzt elst mal messen Blutdluck und Fiebel und wiegen.“ Ich frage Schwester Son, aus welchem Land sie kommt. „Komme aus Kolea. Bin abel schon neunsehn Jahle hiel“, antwortet sie. Nachdem sie bei meinen Mitbewohnern ebenfalls Blutdruck und Fieber gemessen hat, nach dem Stuhlgang gefragt und sie gewogen hat, kehrt sie an mein Bett zurück: „In einel Stunde komme ich und beleite vol für nächste Chemo. Dann so um zehn Uhr kommt Ahzt und schließt Chemo an.“ Ich bedanke mich artig für die Info und ich weiß nicht warum, aber meine Laune ist jetzt besser. Vielleicht weil Schwester Son immer lächelt und gute Laune verbreitet oder vielleicht weil meine Rechnung aufgeht und ich heute doch noch nach Hause kann – eventuell sogar beides?

Geschafft. Alle Medikamente und Infusionen sind drin im Körper. Die Blutwerte waren bis auf die Nierenwerte ganz gut, sodass ich nach Hause gehen kann. So sagt es eben Frau Dr. Heckel, die Assistenzärztin. Sie hat heute am Freitagabend Dienst, bespricht mit mir die Entlassung und wird mir dann noch einen Arztbrief mitgeben. „Sie sind am Mittwochmorgen, nachdem Sie am Dienstag in der Tagesklinik schon Rituximab erhalten haben, zu uns auf die Station gekommen. Die ZVK-

Anlage war problemfrei." „Was heißt noch mal ZVK?", frage ich. „Das ist der zentrale Venenkatheter, den ich Ihnen jetzt gleich entferne. Wir konnten dann am Aufnahmetag mit der Therapie beginnen und können Sie jetzt in stabilem Allgemeinzustand entlassen. Ihr nächster Aufnahmetermin bei uns auf der Station ist der 4. November." Na also, denke ich. „Allerdings – eine Voraussetzung für die Entlassung gibt es noch", ergänzt sie. „Morgen müssen Sie sich selbst eine Spritze geben. Es handelt sich um 6 mg Neulasta, um die Neutropeniedauer zu verkürzen." Die Neutropeniedauer, erklärt sie mir, sei die Zeit nach der Chemo, in der sich die weißen Blutkörperchen wieder aufbauen. Es geht darum, möglichst schnell wieder höhere Leukozytenwerte zu erreichen. „Natürlich kann ich mir diese Spritze selbst geben", erkläre ich ganz selbstsicher. Ich würde jetzt alles versprechen, nur um nach Hause zu kommen. „Gut", erwidert sie, „ansonsten hätten Sie bleiben müssen und wir hätten Ihnen die Spritze morgen hier gegeben. Ich telefoniere dann noch mit Ihrer Apotheke, damit Sie dort die Spritze morgen abholen können. Und ich mache Sie darauf aufmerksam, genügend Geld mitzunehmen. Die Spritze kostet über zweitausend Euro." Wenn ich Fieber bekomme oder sonst etwas nicht stimmt, muss ich mich sofort in die Notfallaufnahme der Klinik begeben. Ganz eindringlich sagt sie mir, dass ich nicht warten soll, sondern wenn irgendwelche Symptome auftreten, unbedingt gleich kommen muss. Und die Blutwerte soll ich regelmäßig beim Hausarzt kontrollieren lassen. Falls die Leukozyten- oder Thrombozytenwerte zu weit vom Normwert abweichen oder die Nierenwerte nicht stimmen, muss ich ebenfalls sofort in die Notfallaufnahme kommen.

Es dämmert schon, als ich zu Moni ins Auto steige, noch etwas wacklig auf den Beinen. Aber die Hauptsache ist jetzt, nach Hause zu kommen, in die eigenen vier Wände und ohne baumelnde Schläuche am Hals. Wieder mal richtig duschen und sich mit fernsehen ablenken von all dem, was gerade geschieht. An das, was da noch auf mich zukommt, mag ich momentan nicht denken.

18. Oktober

Samstagfrüh und ein schön gedeckter Tisch. Das Frühstück schmeckt mit frischen Semmeln (wie sie hier in Bayern heißen), einer Tasse Kaffee und einer Tasse Tee, mit Saft und Wurst und Marmelade und so allem, was dazugehört. Gestern Abend gab es noch eine schöne heiße Dusche, eine Kleinigkeit zu essen und dann gehörte der Abend der Couch und dem Fernseher. So weit war und ist alles in Ordnung und wesentlich angenehmer, als in der Klinik.

Wir sind am gestrigen Abend noch zur Apotheke gefahren und haben die Spritze abgeholt. Und Moni hat gestern noch unsere Nachbarin gebeten, dass sie heute vorbeikommt und mir die Spritze setzt. Sie ist gelernte Krankenschwester und Altenpflegerin und hat mit solchen Dingen mehr Erfahrung als wir. Ich bin noch immer etwas wacklig auf den Beinen und mein Mund

74

ist ganz ausgetrocknet. Dazu kommt ein quälender Schluckauf. „Ich höre mich an, wie wenn ein Affe quiekst", sage ich zu Moni und wir schaffen es sogar darüber zu lachen.

Es klingelt an der Tür und unsere Nachbarin tritt ein. „Guten Morgen Petra", begrüßen wir sie. „Danke, dass du uns hilfst und die Spritze gibst." „Das ist doch selbstverständlich", sagt sie und erkundigt sich erst einmal, wie es mir geht. Ich erzähle von der Klinik und dass es mir den Umständen entsprechend ganz gut geht. (Was soll ich auf diese Frage auch antworten?) Dann holt Moni die Spritze aus dem Kühlschrank und ich ziehe das Hemd über den Bauch. „Sieh her", sagt Petra zu Moni, „ich zeige dir das jetzt. Es ist ganz einfach. Erst mit dem Desinfektionsspray kurz auf eine Stelle am Bauch sprühen, die Haut leicht zusammenziehen und dann rein mit der Spritze." Ein leichter Stich und schon ist alles erledigt. „Anschließend noch mit dem Tupfer abwischen", erklärt sie uns. Ich erinnere mich, dass ich in der Klinik an den Abenden der letzten beiden Tage auch jeweils eine Thrombosespritze erhalten habe. Das lief genauso ab und sah nicht nach großer Kunst aus. „Das müssten wir, falls erforderlich, auch selbst hinbekommen", meint Moni. Petra verabschiedet sich: „Ich muss wieder los. Wir wollen jetzt gleich einkaufen gehen." Wir bedanken uns nochmals und wünschen ihr ein schönes Wochenende.

Wir diskutieren erst mal, ob es wegen der Ansteckungsgefahr für mich ein zu großes Risiko ist, wenn ich Moni heute zum Wochenendeinkauf begleite. Ich meine nein und kann mich nach einer Diskussion auch durchsetzen. Moni ist diesbezüglich sehr ängstlich. Aber ich muss dringend mal ein bisschen raus „ins normale Leben", und wenn der Schluckauf nachlässt, geht das schon. Wir sollten auch die Apotheke noch einmal aufsuchen und etwas für meinen trockenen Mund und die Schleimhäute besorgen. Anschließend gehen wir es zu Hause ganz langsam an. Nachmittags läuft Fußballbundesliga im Fernsehen. Heute spielen Bayern gegen Bremen und Hannover gegen Gladbach. Da ich sowohl Bayern-, als auch 96-Fan bin, gilt es wieder, zwischen den Spielen hin- und herzuzappen.

19. bis 20. Oktober

In den Nächten liege ich viel wach und muss drei- bis viermal auf die Toilette. Ich versuche immer viel zu trinken, wie es mir empfohlen wurde. Aber die Folgewirkungen der Chemotherapie werden intensiver: der Schluckauf, die trockenen Schleimhäute, die raue Stimme. Und ich habe immer mehr Probleme mit dem Trinken. Das Wasser bekomme ich kaum mehr runter, nur noch schluckweise, prompt gefolgt vom Schluckauf. Dann versuche ich eiskalte Cola zu trinken, aber der Schluckauf bleibt. Auch den in der Apotheke empfohlenen Salbeitee kann ich nur schwer schlucken.

Am gestrigen Sonntag war herrliches Herbstsommerwetter und das Thermometer stieg auf über zwanzig Grad. Dennoch musste ich mich zwingen, nachmittags einen kleinen Spaziergang zu unternehmen. Ich hatte einfach keinen Antrieb und keine Lust, irgendetwas zu unternehmen. Moni hat Verständnis dafür. Auch tagsüber habe ich mich immer wieder auf die Couch zurückgezogen. Ich fluche auf diese Krankheit und die Therapie.

Zweimal in der Woche soll ich beim Hausarzt ein Blutbild machen lassen. Das Ergebnis wird dann an die Klinik gefaxt. Am heutigen Montag bin ich um halb acht aufgestanden, habe meine Tabletten geschluckt und erst einmal den Hausarzt aufgesucht. Glücklicherweise muss ich bei Frau Dr. Schreiber nicht warten, sondern kann gleich durchgehen in das „Labor". Eine Helferin nimmt mir das Blut für verschiedene Röhrchen ab. Frau Dr. Schreiber kommt noch kurz vorbei und erkundigt sich nach meinem Befinden. Ich berichte ihr von meinen Nebenwirkungen und Frau Dr. Schreiber bestätigt mir nochmals, dass Salbei in allen Formen bei trockener Mundschleimhaut hilft. Wir sprechen ab, dass ich morgen anrufen kann, um das Ergebnis der Blutkontrolle zu erfahren.

21. bis 23. Oktober

Die Tage laufen fast alle gleich ab. Ich kämpfe mit den Nebenwirkungen der Chemo. Der Schluckauf tritt inzwischen seltener auf. Morgens nehme ich die Tabletten ein, versuche ein paar Sportübungen zu machen, frühstücke eine Kleinigkeit, führe einige Telefonate und erledige etwas Bürokram. Nachmittags gehe ich eine kleine Runde spazieren und am Abend liege ich schon zur Tagesschau auf der Couch, bin müde und kaputt und habe etwas erhöhte Temperatur. Die Blutwerte sind irgendwie durcheinander. Die Leukozytenwerte liegen weit über der Norm, die Thrombozytenwerte dagegen liegen unter der Norm. Insgesamt sind von 26 Einzelwerten zehn außerhalb der Norm.

24. Oktober

Wir haben Freitag und das Wochenende steht bevor. Schon beim Aufstehen heute Morgen hatte ich leichte Muskelschmerzen. Vielleicht habe ich noch Temperatur und das sind die damit zusammenhängenden Gliederschmerzen oder der Spaziergang gestern Nachmittag hat mich zu sehr angestrengt. Also einfach ignorieren. Ich muss heute nochmals zum Hausarzt, um wieder die Blutwerte zu kontrollieren und nach diesem Wochenende erfahre ich am Montag die Ergebnisse.

Der Muskelkater hat mich den ganzen Tag über begleitet. Das Abendessen hat heute nicht geschmeckt; ich habe keinen Appetit. Anschließend wollte ich fernsehen und mir die Freitagabendkrimis anschauen. Aber obwohl es erst 21 Uhr ist, bin ich jetzt ins Bett gegangen. Die Schmerzen sind zu groß. Aus dem Muskelkater sind inzwischen Rückenschmerzen geworden. So richtig kann ich die Schmerzstelle nicht finden. Und egal ob ich stehe, sitze oder liege, die Schmerzen sind immer gleich. Es fühlt sich an, als würde der Schmerz ständig in den Körper hineingepumpt. Wir machen uns Sorgen und überlegen, ob wir in die Notaufnahme fahren sollten oder Moni den Notarzt ruft. Mir ist jetzt alles egal. Mich beschäftigen nur diese Schmerzen und Moni unternimmt alles, mir zu helfen. Sie bringt mir eine Wärmflasche und ich versuche, Linderung durch Wärme herbeizuführen – klappt auch nicht. Ich liege im Bett, stöhne vor Schmerzen vor mich hin und überlege, was das sein kann. Vielleicht sind es ja die Nieren oder sonst etwas Schlimmes. Nachdem es inzwischen weit über Mitternacht ist, überlegen wir, ob es möglich ist, dass ich trotz der vielen Medikamente, die ich einnehme, zusätzlich eine Schmerztablette nehmen kann. Wir entscheiden uns dafür. Moni bringt mir ein Glas Wasser und eine starke Schmerztablette.

25. Oktober

Nach Einnahme der Schmerztablette habe ich in der vergangenen Nacht sogar noch etwas Ruhe finden können. Heute Morgen bin ich jedoch schon wieder seit fünf Uhr wach. Die Schmerzen sind nicht mehr ganz so schlimm, aber ich habe immer noch Schwierigkeiten, aufzustehen und zu gehen. Bei jedem Schritt schmerzt der Rücken. Wir entschließen uns deshalb, heute Vormittag in die Notaufnahme der Klinik zu fahren. Ich quäle mich unter die Dusche und Moni hilft mir dann die Tasche zu packen. Dann fahren wir los.

Wegen der Schmerzen hat sich alles etwas verzögert und es ist fast Mittag, als wir ein Stück vom Haupteingang der Klinik entfernt einen Parkplatz finden. Das Gehen fällt mir wegen der Schmerzen schwer und deshalb dauert es, bis wir am Eingang sind und bei der Information nach der Notaufnahme fragen. „Gehen Sie den Gang geradeaus ganz durch", sagt man uns. Also noch ein Stück gehen.

Dort angekommen, setze ich mich erst einmal auf einen der Wartestühle und Moni geht zum Schalter der Notaufnahme. Empört kehrt sie zurück: „Mittagszeit. Da steht ein Schild, dass eine halbe Stunde lang geschlossen ist." Das kann doch nicht sein, denke ich. Aber links neben der großen Schiebetür, über der „Notaufnahme, bitte nicht eintreten" steht, ist ein großer roter Knopf. Neben diesem ist ein Schild: „Bitte einmal klingeln und warten." Moni drückt einmal auf den roten Knopf und ich bleibe inzwischen gekrümmt und verkrampft auf dem Wartestuhl sitzen. Die Tür geht auf, eine Schwester kommt heraus und Moni erklärt ihr in wenigen Worten, worum es geht. „Kommen Sie herein", sagt die Schwester zu mir. „Hier gleich links. Legen Sie sich bitte auf diese Liege hier. Ihre Frau kann auf dem Stuhl daneben Platz nehmen. Einen Moment dauert es noch, dann kommt eine Ärztin." Sie zieht seitlich den Vorhang zu und ich lege mich auf die Liege.

Liegen ist mit diesen Schmerzen doch etwas angenehmer, als gehen oder sitzen. Moni sagt: „Ich erledige noch die Anmeldeformalitäten und bin gleich wieder zurück." Ich frage noch, ob sie jetzt nicht nach Hause fahren will, denn ich sei ja nun in ärztlicher Betreuung. „Ich rufe dich dann an, wenn es etwas Neues gibt." Aber ich wusste schon, dass Moni ablehnt und hier bei mir bleiben will. Sie bringt enorm viel Kraft auf, obwohl sie Krankenhäuser hasst und sonst immer schnellstmöglich das Weite sucht, wenn es nur um einen Besuch im Krankenhaus geht. Und jetzt sitzt sie hier bei mir in der Notfallaufnahme. Gegenüber liegt eine ältere Dame, die eine Lungenentzündung hat. Schräg gegenüber sind Ärzte gerade bei einem Mann, der mit Brustschmerzen herkam und der jetzt untersucht wird, ob ein Herzinfarkt vorliegt. Dann entsteht etwas Unruhe, als ein Mann auf einer Liege vom Notfallteam hereingefahren wird. Sofort kümmern sich die Ärzte um ihn, da er kaum ansprechbar ist. Der Mann sei in der Bahnhofsmission kollabiert, berichtet das Notfallteam an die Ärzte. Ich höre, wie einer der Ärzte sagt: „Er kippt uns weg. Wir müssen sofort reanimieren!" Es werden Anweisungen erteilt, anscheinend wird ihm eine Infusion gegeben und allmählich entspannt sich die Lage wieder etwas, als der Mann wieder ansprechbar ist. Inzwischen ist auch klar, dass er wegen einer schweren Krankheit Medikamente nehmen muss, diese jedoch nicht genommen hat und auch seit längerer Zeit nichts getrunken hat. Hier hinter dem Vorhang bekommen Moni, die inzwischen von der Anmeldung zurück ist, und ich alles mit – auch, dass man diesen Mann nicht hier in der Klinik behalten will und mit mehreren Kliniken telefoniert, bis sich eine bereit erklärt, ihn aufzunehmen.

Irgendwie geht es mir schon gar nicht mehr so schlecht, wenn ich das hier alles mitbekomme. Nun endlich wendet sich eine Ärztin an mich. Moni und ich erzählen die ganze Story noch einmal, von meiner Diagnose, dem ersten Chemo-Zyklus, bis zu den seit gestern auftretenden Schmerzen. Die Ärztin legt sofort eine Nadel und nimmt mir Blut ab. Sie tastet den Rücken ab, doch es gibt keine explizit lokalisierbare Schmerzstelle. Es wird Fieber gemessen, doch ich habe nur etwas erhöhte Temperatur. Und schon ist die Ärztin wieder weg, da sie sich noch um andere Patienten kümmert.

Zwischenzeitlich zog wieder Unruhe ein, als ein junger sturzbetrunkener Mann mit lauter Stimme lallend Schwestern und Ärzte beleidigte. Denen gelingt es, ihn irgendwie zu beruhigen oder zu fixieren. Dabei bekommen wir mit, dass er sich bereits in die Hosen gemacht hat. Jetzt kehrt die Ärztin zu mir zurück und sagt mir, meine Thrombozytenwerte seien sehr niedrig und auch die Nierenwerte würden nicht stimmen. Ich solle jetzt außerdem noch geröntgt werden.

Das Röntgen ging schnell und ich bin schon wieder zurück in der Notfallaufnahme. An den Medikamentenständer neben mir wird eine Flasche Antibiotika gehängt, aber nicht angeschlossen. Nun liege ich wieder da und warte. Moni sitzt neben mir und wartet mit. Diese Warterei ist furchtbar. Ich mache mir immer noch Gedanken, ob es nicht etwas Schlimmeres ist, was diese Schmerzen verursacht, sonst hätte die Ärztin doch schon einen Hinweis gegeben. Das bringt bestimmt den ganzen Therapieplan durcheinander, denke ich. Und Moni denkt bestimmt genauso. Wir sprechen jedoch nicht darüber – im Gegenteil. Ich sage zu Moni: „Du, ich glaube die Schmerzen lassen schon nach."

Die Ärztin ist nach etwa einer Stunde wieder bei mir und berichtet: „Die Untersuchungen sind so weit abgeschlossen. Die Nierenwerte sind schlecht und die Thrombozyten sind weit unten. Ansonsten konnten wir nichts feststellen. Die Schmerzen kommen anscheinend von der Neulasta-Spritze. Dabei handelt es sich um eine sogenannte Depotspritze und es ist sehr wohl möglich, dass diese Schmerzen verursacht hat, da das Rückenmark stark angeregt wird. Hat man Ihnen das nicht gesagt?" „Nein", antworte ich und sie fährt fort: „Trotzdem würden wir Sie gern hier behalten, um das weiter zu beobachten. Außerdem geben wir Ihnen eine Thrombozyten-Infusion, da ihre Werte sehr niedrig sind." „Muss ich denn unbedingt hier bleiben?", frage ich nach. „Wir halten Sie hier nicht fest und Sie können natürlich auch nach Hause gehen. Ich würde Ihnen das jedoch nicht empfehlen und es wäre auf Ihre eigene Verantwortung." Mit dieser Ansage steht fest, dass ich bleibe. Wir sollen vor der Tür nochmals auf den Wartestühlen Platz nehmen, bis ein Pfleger kommt und mich auf die sogenannte Übergangsstation bringt. Moni geht zum Auto, um meine Tasche zu holen und ich sitze wieder hier vor dem Eingang zur Notaufnahme, wie schon vor drei Stunden, und warte.

Eine furchtbar lange Stunde hat das jetzt gedauert. Zweimal hat Moni geklingelt und nachgefragt, was denn jetzt sei und wie lange das noch dauere, bis ich auf die Station komme. Nun ist endlich ein Pfleger da, der sich meiner annimmt: „Ich habe zwar noch keinen Arzt sprechen können, der das absegnet, aber ich mache das jetzt auf eigene Verantwortung und bringe Sie auf ein Zimmer." Wir passieren die nächste Glastür, hinter der zwei lange Flure nach rechts und links abgehen. Wir nehmen den linken Gang zur „Übergangsstation". Hier stehen überall Betten und medizinische Geräte. Aus einem Zimmer hört man es stöhnen. Wir betreten Zimmer 28, in dem drei unbenutzte Betten stehen. Ich entscheide mich gleich für das erste Bett an der Tür. Es gibt kein Bad, nur ein Waschbecken. Die Toilette ist ein Stück den Gang entlang auf der anderen Seite. „Vielleicht bleiben Sie allein in diesem Zimmer, Sie haben ja ein geschwächtes Immunsystem", sagt der Pfleger. „Aber versprechen kann ich es Ihnen nicht. Ich habe das jetzt alles auf eigene Verantwortung gemacht und weiß nicht, wie die Ärzte reagieren." „Sie werden das schon hinkriegen", antworte ich und füge hinzu: „Da wäre ich Ihnen sehr dankbar." Er lächelt und ist auch schon wieder weg. Ich verabschiede mich jetzt von Moni. Sie soll nun endlich nach Hause fahren, und wenn es geht, etwas Ruhe finden. Dies alles ist für sie ein Riesenstress. Seit heute Morgen nichts gegessen, die ständige Warterei hier und die Sorgen um mich. Ich hätte ihr das alles gern erspart.

Die Nacht verging wieder ohne Schlaf und kam mir deshalb sehr lang vor. Gestern Abend war noch eine Ärztin da und hat eine Infusion angehängt. Es handelte sich um Thrombozyten, eine gelbbräunliche Flüssigkeit. Sonst war es ruhig. Ich habe noch etwas zu essen bekommen und habe versucht, viel zu trinken. Dadurch musste ich immer wieder über den Flur zur Toilette und habe mitbekommen, dass in den anderen Zimmern einiges los ist, ein Kommen und Gehen, teilweise Gestöhne und Geschimpfe. Ich bin allein geblieben. In mein Zimmer wurde kein weiterer Patient aufgenommen. Darüber war ich richtig froh und hatte so meine Ruhe. Momentan nimmt eine Ärztin die Nadel aus dem Arm. „Das Blut, das wir Ihnen heute Morgen abgenommen haben, zeigt verbesserte Werte. Wie ist es denn mit Ihren Schmerzen?", fragt sie. „Die Schmerzen sind bei Weitem nicht mehr so heftig wie gestern", antworte ich. „Dann können Sie nach Hause. Aber bitte warten Sie draußen noch, bis Sie den Entlassungsbrief bekommen." Super, nichts wie raus hier. Mir geht es wirklich besser. Die Rückenschmerzen haben nachgelassen. Auch meine Stimmung hellt sich auf. Wo ist mein Telefon? Ich muss Moni anrufen, damit sie mich gleich abholt.

Moni hat sich riesig gefreut, dass es mir besser geht und war in einer halben Stunde da, um mich abzuholen. Nun sitzen wir seit einer Stunde hier im vorderen Bereich der Übergangsstation und warten auf den

Entlassungsbrief. Uns gegenüber sitzt ein Paar, das ebenfalls eine Patientin abholt und warten muss. Die Patientin sieht traurig und ziemlich fertig aus. Das Paar redet italienisch auf sie ein. Da Moni italienisch versteht, bekommen wir mit, worum es geht. Die Patientin ist vergangene Nacht nach starkem Alkoholmissbrauch hier eingeliefert worden und muss auch noch randaliert haben. „Se continui a bere, con noi hai chiuso non ti aiutiamo piu", reden die beiden mit Nachdruck und lauter Stimme auf die Patientin ein. Moni übersetzt mir: „Wenn du noch einmal trinkst, ist Schluss, dann helfen wir dir nicht mehr." – Was es nicht alles gibt.

Sprache

„Hier ist der Arztbrief zu Ihrer Entlassung." Wir hatten gar nicht gemerkt, dass die Ärztin auf uns zugekommen ist. „Denken Sie daran, sobald Schmerzen oder Fieber auftreten, wieder in die Notfallaufnahme zu kommen", sagt sie noch. Dann verabschieden wir uns von ihr. Schnell raus hier. Wir werfen noch einen Blick auf den Arztbrief, in dem die Diagnosen „Rückenschmerzen, Thrombopenie und akutes Nierenversagen" aufgeführt sind und dass ich in gebessertem Allgemeinzustand nach Hause entlassen werde.

Heute ist Sonntag. Wer spielt denn heute noch in der Bundesliga? Ach ja, die Bayern spielen heute in Gladbach. Dass ich an solchen Dingen wieder Interesse habe, ist der beste Beweis dafür, dass es mir besser geht. Moni sieht das auch so und scheint irgendwie erleichtert zu sein. „Komm, lass uns einen ruhigen schönen Sonntagnachmittag genießen", sage ich und wir haben mal wieder ein Lächeln im Gesicht.

Es geht mir etwas besser. Mit Unterbrechungen habe ich gut geschlafen. Ich sitze der Hausärztin Frau Dr. Schreiber gegenüber und berichte, dass ich starke Rückenschmerzen hatte, zunächst in der Notfallaufnahme der Klinik war und dann stationär behandelt wurde. Frau Dr. Schreiber bestätigt mir: „Das Rückenmark wird durch die Stimulation mit Neulasta unheimlich stark beansprucht und das kann Schmerzen auslösen. Diese sind nur mit Schmerzmitteln wie Paracetamol behandelbar. Sie werden, wenn Sie vor der Stammzellabgabe Neulasta spritzen, noch viel Paracetamol benötigen." Blut wurde mir abgenommen und morgen kann ich wieder nach dem Ergebnis fragen. Aber das Ergebnis der Blutuntersuchung vom letzten Freitag besprechen wir jetzt noch. „Da waren die Werte, vor allem die der Leukozyten und Thrombozyten weit unten. Auch von dieser Seite war es ganz gut, dass Sie in der Klinik waren und Thrombos erhalten haben", merkt Frau Dr. Schreiber an. Das Blatt des Labors, von dem ich eine Kopie erhalte, weist das Ergebnis aus. Der Leukozytenwert lag bei nur noch 1,6 Tsd. und der Thrombozytenwert bei 36 Tsd, zumindest war das vergangenen Freitag so. In der Klinik wurde mir gestern gesagt, dass sich die Werte verbessert haben und morgen erfahre ich dann den aktuellen Stand. Jetzt bin ich so ungefähr in der Mitte zwischen den beiden Zyklen angelangt. Demnach müsste der Tiefpunkt überschritten sein und es mit den Werten wieder aufwärts gehen.

28. Oktober bis 3. November

Mir geht es inzwischen wieder ganz gut. Die Nebenwirkungen haben nachgelassen und die Blutwerte haben sich verbessert. Dies ist auch wichtig, bevor der neue Zyklus ansteht. Ich versuche diese Tage zu nutzen, um wieder etwas fitter zu werden. Ansonsten führe ich Telefonate mit meiner Mutter und meinen beiden Jungs aber auch mit dem Büro und meinem Vorstandskollegen und erledige Bürokram. Einen Spleen lebe ich aus: Jeden Abend verdrücke ich eine Dose dieser sensationell guten mit Schokolade überzogenen Nüsse. Auch wenn das nicht das Gesündeste ist, gönne ich mir dieses Vergnügen und habe nur manchmal ein schlechtes Gewissen. Trinken geht auch gut. Was ich in diesen Tagen an Salbeitee und Wasser wegtrinke, schafft ein Elefant nie. Ach wie gerne würde ich wieder arbeiten und ein „normales" Leben führen.

IV. Ab dem zweiten Zyklus

Es ist Dienstag. Heute beginnt der zweite Zyklus. Nach anfänglichen Schwierigkeiten und dem Aufenthalt am Wochenende in der Notfallaufnahme habe ich mich inzwischen ganz gut erholt. Ich habe wieder jeden Tag morgens meine Gymnastikübungen gemacht, war fast jeden Tag ca. eine Stunde spazieren und einmal sogar allein zwanzig Minuten joggen. Am vergangenen Wochenende waren wir gemeinsam dreißig Minuten joggen, allerdings in ganz langsamem Tempo. Trotzdem hat das sehr gut getan, als wenn man wieder ein Stück ins Leben zurückkehrt.

Doch jetzt geht der ganze Mist wieder los. Gestern war das schon laufend im Kopf: Wie werde ich die Chemo diesmal vertragen? Werde ich wieder so mit den Nebenwirkungen, wie Schluckauf und Problemen mit dem Hals und der Stimme kämpfen müssen? Wird es diesmal vielleicht sogar noch schlimmer? Läuft alles planmäßig und komme ich am Wochenende wieder nach Hause? Wie sind die Abläufe im Krankenhaus und in welches Zimmer komme ich diesmal auf Station 3/5, und vor allem mit wem? Immer und immer wieder stellte ich mir gestern und auch noch heute Nacht diese Fragen.

Nach dem Duschen morgens gab es nur ein kleines Stück Brot mit Marmelade. Dies zu essen und dazu eine

Tasse Tee zu trinken, musste ich mich schon zwingen. Die Tasche hatte ich gestern bereits gepackt, sodass wir nach dem Frühstück gleich losfahren konnten und Moni mich zur Klinik gebracht hat.

Im Aufnahmebereich habe ich eine Nummer gezogen und warte jetzt, bis diese oben am Display mit einem Gong angezeigt wird. Ich habe Nr. 403 und momentan ist die Nr. 378 aufgerufen. Das bedeutet warten. Ich denke, ich bringe jetzt zwischendurch meine Tasche bereits auf die Station, dann bin ich immer noch rechtzeitig zurück und muss hier nicht so lange sitzen.

Alles erledigt. Die Aufnahmeformalitäten sind schnell über die Bühne gegangen, da die Angaben bereits gespeichert waren. Sowohl die Adressen von Wohnung und Rechnungsstelle, als auch Name und Telefonnummer desjenigen, der bei Problemen benachrichtigt werden soll, der Wunsch auf Zweibettzimmer – alles da. Nur das Aufnahmedatum war noch einzutragen und die vielen notwendigen Formulare mussten ausgedruckt und unterschrieben werden. Ein Exemplar von allem musste ich zur Station mitnehmen. Es ist schon interessant, wie ein derart großer Apparat bzw. großes Krankenhaus verwaltet wird und funktioniert. Ich habe bisher, was Krankenhäuser betrifft, ja nur häufig darüber diskutiert, dass die DRGs (die Pauschalen, die die Krankenkassen an Krankenhäuser zahlen) zu hoch seien. Wenn ich hier sehe, was so alles neben der medizinischen Betreuung erforderlich ist, muss ich meine Auffassung dazu vielleicht noch einmal überdenken. Auf der anderen Seite sind die Versicherten ja nicht bereit, höhere Beiträge zu zahlen …

„So, los geht es!", werde ich aus meinen Gedanken gerissen. Das übliche Ritual findet statt, das heißt wiegen, Blutdruck und Temperatur messen sowie Fragen beantworten. Fehlt nur noch, dass ich gefragt werde, ob ich schwanger bin. Dann wird eine Nadel gesetzt und Blut abgenommen. „Ihr Blutdruck ist etwas hoch", stellt die Schwester fest. „Einen kleinen Moment noch, wenn Sie hier bitte im Aufenthaltsraum warten. Ich komme dann gleich zurück und bringe Sie auf das Zimmer", ergänzt sie. Okay, dann eben wieder warten. Die *Süddeutsche Zeitung* liegt auf dem Tisch. Vielleicht kann ich mich ja so weit konzentrieren und etwas lesen. Heute ist Champions League und in der Zeitung ist ein Vorbericht über das Spiel Dortmund gegen Galatasaray Istanbul. Ich lese den Artikel zwar, aber so richtig aufnehmen kann ich nicht, was darin steht.

Fünfzehn Minuten sind vergangen. Die Schwester kommt und holt mich ab, um mich zum Zimmer zu bringen. Wir gehen einige Schritte über den Flur und dann in das Zimmer 36, ein Zimmer, in dem nur zwei Betten stehen. Das Bett am Fenster ist belegt. „Hallo servus, ich bin Heinz!", schallt es mir freundlich entgegen. Ich setze meine Tasche ab und stelle mich ebenfalls vor. Da bin ich ja gespannt, was ich diesmal für einen Zimmergenossen habe. Die Schwester zeigt mir meinen Schrank, und dass es inzwischen für jedes Bett ein neues Gerät gibt, das Telefon, Fernseher und Radio zugleich ist. Es kann von der Halterung an der Wand an das

Beistellschränkchen umgesteckt und somit flexibel eingestellt und bedient werden, ohne den Nachbarn zu stören. Na also, ein wahnsinniger Fortschritt und ich freue mich richtig darüber. „In Kürze kommt der Arzt und wird Ihnen den Halskatheter setzen, sodass wir dann bald mit der Medikamentengabe beginnen können", teilt mir die Schwester noch mit. Na hoffentlich geht es bald los, denke ich, da ich am Freitag gern fertig und zu Hause sein will.

Während ich mich umziehe, den Inhalt meiner Tasche in Schrank und Beistellschrank verstaue und nebenbei wieder mal ein Salbeibonbon lutsche, unterhalte ich mich mit meinem Nachbarn Heinz. Anscheinend ist es üblich, dass die ersten Fragen, die hier geklärt werden, immer diese sind: „Warum bist du hier? Was fehlt dir?" Also liefere ich meine Story in Kurzfassung und erfahre, dass Heinz vor Kurzem an akuter Leukämie erkrankt ist. „Ich bin jetzt schon fast zwei Wochen hier und bekomme seit fünf Tagen Chemo", erklärt er mir. Ich sehe mir Heinz genauer an. Er dürfte etwas jünger sein als ich, ist mit kurzer Sporthose und Sportshirt bekleidet, hat noch alle Haare auf dem Kopf und sieht recht agil aus. Allerdings hängen am Halskatheter (ZVK) mehrere Schläuche und am Medikamentenständer viele Beutel mit Medikamenten. Er schimpft: „Das ist doch ein Scheißladen hier! Jetzt muss ich schon zwei Wochen in diesem Zimmer verbringen. Mir fällt die Decke auf den Kopf. Den Fraß hier kann man doch nicht essen." Ich beruhige ihn erst mal und sage: „Das ist doch alles nicht so wichtig. Wichtig ist, dass die

92

Indikatoren werden genannt, aber es wird nicht über sie gesprochen, kein Urteil darüber ❨abgegeben❩ (überlässt es dem Leser?)

medizinische Betreuung und Behandlung gut ist und das ist sie hier zweifellos." „Hast ja recht", lenkt er ein.

Dr. Steiner, den ich von meinem ersten Aufenthalt noch kenne, kommt und holt mich ab, um mir den ZVK (zentraler Venenkatheter) zu legen. Das Prozedere kenne ich ja. Oberkörper freimachen, hinlegen, örtliche Betäubung am Hals. Dann das Geraschel und die Geräusche beim Herrichten der Geräte. Dazu die Gespräche des Arztes mit den Anlernlingen, da an der Uniklinik meist jemand dabei ist, der gerade lernt. Heute sind es zwei junge Damen. Und schon bekomme ich ein grünes OP-Tuch über das Gesicht und soll den Kopf nach links drehen. Ich spüre, wie rechts am Hals herumgefummelt wird, kann aber nicht genau nachvollziehen, was da genau abläuft.

Nach zehn Minuten verkündet Dr. Steiner: „So, der Halskatheter ist gelegt. Jetzt sehen wir zu, dass sie bald zum Röntgen kommen, um zu überprüfen, ob der Katheter richtig sitzt und dann kann die Therapie beginnen." Na dann hoffe ich, dass diesmal alles gut funktioniert. Es ist ja schon Mittag und je schneller das alles geht, desto größer ist die Chance, am Freitag herauszukommen. Dieses Ziel steht bei mir momentan absolut im Vordergrund. Ob diese Ungeduld gut ist, weiß ich nicht, aber ich bilde mir ein, dass sie mir hilft. Auf der anderen Seite weiß ich, dass ich dadurch schnell nervös und ungeduldig werde, wenn etwas nicht gleich funktioniert.

Zurück im Zimmer, steht das Mittagessen schon auf dem Beistellschrank des Bettes. Aber zunächst sehe ich

steckt viel drin in der Aussage
Übersimplifizierung des Lebens (...)

mir im Badspiegel erst einmal den Halskatheter an. Drei Schläuche baumeln aus dem Hals. Sieht schon irgendwie komisch aus, aber auf der anderen Seite benötige ich dadurch keine Nadeln in den Armen und die Bewegungsfreiheit ist etwas größer. Dr. Steiner hat mir die bei der Ankunft und Blutabnahme gesetzte Nadel in der rechten Armbeuge auch schon wieder entfernt. Ja, wenn ich hier in diese Klinikwelt eintauche, verändert das die Gedanken – einfach und pragmatisch auf den Augenblick und die nächste Entlassung ausgerichtet. Die tagesaktuellen Nachrichten, alles was die Welt sonst bewegt, ist hier nicht mehr wichtig und ziemlich weit weg. Hier und jetzt geht es darum, mit dem Umfeld, den Ärzten und Schwestern zurechtzukommen, mit seinem Zimmernachbarn auszukommen, die Medikamente zu vertragen und darauf zu hoffen, dass auch ein Arzt vorbeikommt, wenn die Chemo angehängt werden muss. Aber jetzt habe ich Hunger und nehme erst einmal das lauwarme Mittagessen zu mir.

Eben war ich beim Röntgen. Ein „Begleiter" hat mich dorthin gebracht. Das sind die Helfer, die Patienten von einem Bereich des Krankenhauses zum anderen bringen, all die Schwerkranken in ihren Betten, die nicht gehfähigen Patienten in Rollstühlen und eben Patienten wie mich, die bei ihrem Fußmarsch einfach begleitet werden, damit sie sich in den verschachtelten Gängen des Klinikums nicht verlaufen oder sonst was passiert. Beim Gang über die Flure des Klinikums wurde ich mit meinem Halskatheter immer wieder bemitleidend von Besuchern betrachtet, während Ärzte und Klinikperso-

Klinikesse (Gemeinplatz)

nal eher uninteressiert an einem vorbei gehen. Der Begleiter hat mich beim Röntgen gleich angemeldet und sich dann verabschiedet. Nach kurzem Warten wurde ich aufgerufen und das schon bekannte Prozedere des Röntgens lief ab. Anschließend bin ich ohne Begleiter allein auf die Station zurückgekehrt. Ich hatte keine Lust wieder zu warten, bis einer der Helfer über Funk gerufen wird und für mich Zeit findet. Das hätte wieder Warten vor der Röntgenstation bedeutet. Wieder wäre ich von vorbeigehenden Menschen beobachtet worden und außerdem habe ich schon mitbekommen, dass es teilweise lange dauern kann, bis ein Begleiter kommt. Gerade heute hat ein Patient im Rollstuhl, der vor dem Röntgenbereich wartete, vor sich hin geschimpft: „Eine halbe Stunde sitze ich jetzt schon da und warte darauf, abgeholt zu werden. Das kann doch wohl nicht sein. Keiner kümmert sich um mich. Das ist doch ein Saftladen – unmöglich!"

Zurück im Zimmer, habe ich mich auf das Bett gelegt. Es ist jetzt ein wenig ruhiger. Keine Putzfrau da, die durch das Zimmer wischt, keine Schwester, die Blutdruck und Temperatur messen will und mein Bettnachbar Heinz schläft. Ich aber muss warten, bis die ersten Medikamente kommen und eingenommen werden müssen und anschließend die ersten Infusionen angehängt werden. Erst schreibe ich Moni und meinen Kindern eine SMS, dass es mir so weit gut geht. Vielleicht machen sie sich dann wieder etwas weniger Sorgen. Draußen ist es kalt und grau, vielleicht regnet es sogar. Ich kann das von meinem Bett aus nicht sehen. Also schließe ich die Augen und döse ein wenig.

So richtig geschlafen habe ich nicht, es gingen mir zu viele Gedanken durch den Kopf. Ich habe mich damit beschäftigt, wie es ist, wenn ich die Chemo noch schlechter vertrage, als beim ersten Mal und Freitag hier nicht entlassen werde. Ich habe darüber nachgedacht, ob ich letztlich zwei oder drei Zyklen Chemotherapie über mich ergehen lassen muss. Vielleicht komme ich ja mit zweien durch, dann wäre das jetzt schon der letzte Zyklus und ich könnte vielleicht Weihnachten oder zumindest im neuen Jahr wieder ins „normale Leben" zurückkehren und wieder arbeiten. Die Knoten am Hals und in der Leiste sind fast nicht mehr zu ertasten, finde ich.

„Grüß Gott!" Sofort bin ich hellwach. „Ich bin Schwester Anna. Wir fangen jetzt mit der Medikamentengabe an. Diese Beutel, die ich hier dabei habe, sind für Sie", höre ich. „Und hier haben Sie Ihre Medikamente in dem Kästchen. Diese drei bitte sofort nehmen, die anderen heute Abend." Ich frage nach: „Schwester Anna, sagen Sie mir bitte, was dies für Medikamente sind?" „Dies hier ist Allopurinol für die Niere, dies ist Paracetamol, ein Schmerzmittel und zur Vorbeugung gegen Übelkeit. Fenistil beugt Allergien vor und diese Infusion ist Sostril für Ihren Magen und dies ist Cortison", werde ich von Schwester Anna aufgeklärt. „Dieser große Beutel hier ist eine Kochsalzlösung, die begleitend zum Rituximab, also zu den Antikörpern gegeben wird." Das ist eine ganz schöne Menge, die der Körper da verkraften muss. Ich schlucke brav die Tabletten und Schwester Anna schließt die Infusionen an. „Melden Sie sich, wenn der Beutel leer ist. Ich nehme ihn dann ab und nach einer Stunde etwa kommt der Arzt und schließt die Antikörper an", ergänzt sie. Es ist also wieder so weit: „Das Zeug" läuft rein in den Körper. Ein Toilettengang wird nun auch wieder erschwert durch den Medikamentenständer als Begleiter.

Heinz ist inzwischen wieder wach und wir reden über die Medikamente, die wir bekommen. Dann sprechen wir über die Schwestern. Heinz hat aufgrund seines längeren Aufenthaltes schon einige Erfahrungen gemacht und sagt mir: „Die Schwester Anna, die ist gut. Die kennt sich aus. Schwester Son hat heute frei und Schwester Erika hat zurzeit Nachtdienst und Schwester …" Und er erzählt mir von dem Zimmernachbarn, den er vor mir hatte und mit dem es nicht auszuhalten gewesen sei. Dieser sei immer so anzüglich gegenüber den Schwestern gewesen und habe sie schikaniert. Peinlich sei das gewesen, und komische Eigenarten hätte er gehabt. Und ein alter Sack sei das gewesen. Jetzt sei er auf die Intensivstation gekommen, weil er im Bad zusammengebrochen sei. Aber Heinz erzählt das nicht irgendwie böse, sondern einfach emotional zutiefst bewegt. „Mit so einem Zimmernachbarn hätte ich es nicht länger ausgehalten, da wäre ich abgehauen und nach Hause", ergänzt er noch. „Naja, jetzt bin ja ich da. Wir werden uns schon verstehen", antworte ich und beginne, Heinz von meiner Krankheit zu erzählen, den Therapien dich ich schon hinter mir habe und dem, was jetzt ansteht. Wir plaudern darüber, wie wir die Chemo vertragen, und tauschen uns aus, was alles vorbeugend getan werden kann. Beide schwören wir auf Salbei in allen Formen und sind uns einig, dass dieser gegen die trockenen Schleimhäute hilft. Heinz bietet mir auch gleich ein ganz besonderes Salbeibonbon an, das ich dankend annehme. Es ist sehr angenehm, mit Heinz zu reden. Das ist so locker, ohne Zwang und lenkt uns von unseren Infusionsflaschen ab, aus denen die Flüssigkeit träufelt.

Die ersten Flaschen sind leer und ich klingle nach der Schwester. Die Tröte, die dann im Zimmer und auf dem Gang ausgelöst wird, hört man hier laufend – Tag und Nacht. Immer ruft einer der Patienten eine Schwester. Schwester Anna kommt und nimmt die leeren Beutel und Flaschen vom Medikamentenständer. Heinz und ich haben diesen schon umgetauft. Bei uns heißt er jetzt „Christbaumständer". Wir haben das als derart lustig empfunden, dass wir gelacht haben. Und dieses Lachen hat gut getan. Während Schwester Anna nach Abnehmen der Infusion den Zugang spült, sagt sie: „Ich gebe dem Arzt rechtzeitig Bescheid. Er wird dann das Rituximab, also die Antikörper anschließen. Es ist vorgesehen, dass die Infusion etwa sechs Stunden läuft." „So lange?", erwidere ich. „Das letzte Mal in der Tagesklinik lief die Antikörpergabe über vier Stunden." Schwester Anna erklärt mir, dass sie dies nicht entscheiden könne. Das müsse ich schon mit dem Arzt verhandeln. Es ist jetzt fünfzehn Uhr vorbei und ich habe Bedenken, dass ich in Zeitverzug komme und dann am Freitag nicht entlassen werden kann. Aber gut, dann heißt es also auf den Arzt warten und mit ihm reden. „Ist sonst bei Ihnen alles in Ordnung?", fragt Schwester Anna. „Ja, alles okay. Noch fühle ich mich gut", entgegne ich.

Es ist wieder ruhig im Zimmer. Heinz schläft. Ich schreibe SMS an Moni, Mama und meine Söhne. Der Inhalt ist bei allen ungefähr gleich. Es ist alles in Ordnung und ich fühle mich gut. Hoffentlich beruhigt sie das. Ich kann mir vorstellen, wie diese mir sehr nahe stehenden Personen versuchen, mitzufühlen und dabei leiden. Sie wissen ja nicht, wie das hier abläuft, was eine Chemotherapie bedeutet, wie diese ganzen Medikamente auf den Körper wirken und wie es mir dabei geht. Auch wenn wir nicht darüber reden, vermute ich, dass sich jeder Gedanken macht, was passiert, wenn die Therapie nicht anschlägt. Muss auch über das Sterben gesprochen werden? Das habe ich nur einmal mit Moni gemacht. Wir haben das Thema jedoch schnell wieder verworfen. Ich denke da auch nicht daran. Ich bin felsenfest davon überzeugt, dass die Therapie anschlägt und ich durch die Stammzelltransplantation sogar eine langfristig günstige Prognose habe. Und wenn ich Mitte nächsten Jahres zu arbeiten aufhöre, werde ich das Leben noch mehr genießen als bisher. Das habe ich fest vor, da glaube ich dran und da freue ich mich drauf. Meine Gedanken kreisen mehr um die Therapie, um ihre Verträglichkeit und Dauer. Muss ich leiden? Sind die Wirkungen jetzt beim zweiten Zyklus im Nachhinein wieder so heftig, wie beim ersten Mal? Gelingt es mir diesmal besser, viel zu trinken, um so die Nieren gut zu spülen? Komme ich ohne Störungen über die Runden und pünktlich am Freitag nach Hause? Das sind die Fragen, die mich momentan beschäftigen.

Die Ärztin ist da und fragt mein Geburtsdatum ab. Das ist der mir bereits bekannte Sicherheitscheck für die Gabe der „härteren" Infusionen, wie Chemo, damit jeder Patient auch das richtige Medikament erhält, das aus der Krankenhausapotheke angeliefert wird. Die Ärztin vergleicht das von mir angegebene Geburtsdatum mit den Angaben auf dem Infusionsbeutel. Es passt. Und während Frau Dr. Müller-Steiner die Infusion anschließt, frage ich noch einmal nach, ob diese wirklich so langsam über sechs Stunden gegeben werden muss. Ich sage ihr auch, dass ich Rituximab schon vor vier Jahren gut vertragen habe und nicht zu der einen Hälfte der Patienten gehöre, die angeblich mit dessen Nebenwirkungen zu kämpfen haben. Und ich erläutere ihr, dass mir Rituximab vor drei Wochen in der Tagesklinik nur über vier Stunden gegeben wurde. Nach einigem Hin und Her habe ich es tatsächlich geschafft. Frau Dr. Müller-Steiner stellt den „Durchlaufapparat" so ein, dass das Mittel zunächst langsam läuft und dann nach einer Stunde von der Schwester eine höhere Geschwindigkeit eingegeben werden kann, nach einer weiteren Stunde dann noch mal, sodass diese Infusion in gut vier Stunden im Körper ist. „Vielen Dank Frau Doktor Müller-Steiner", bedanke ich mich. „Melden Sie sich jeweils nach einer Stunde bei der

Schwester, und auch wenn irgendetwas ist, bitte klingeln Sie sofort nach ihr", trägt sie mir auf.

Und nun wieder daliegen und warten. Ich denke schon, dass ich dieses Zeug wieder ohne große Nebenwirkungen vertrage. Wenn das Ganze vier Stunden dauert, bin ich gegen 21 Uhr durch, dann noch Nachspülen und solche Dinge. Vielleicht werde ich über Nacht sogar „abgestöpselt" und kann mich einigermaßen frei bewegen. Morgen kann es dann mit der Chemo weitergehen. Dann gibt es wieder diese 24-Stunden-Chemo, die ich beim letzten Mal nicht so gut vertragen habe. Davor graut mir.

Zum Abendessen setze ich mich auf den Bettrand, das Plastiktablett mit Plastikabdeckung vor mir auf dem Beistellschränkchen. Das ist jedes Mal ein spannender Augenblick, wenn ich die Plastikabdeckung hochhebe. Stets gibt es eine Überraschung, da ich nicht mehr weiß, was ich am Vortag bestellt habe. Rechts oben steht ein Früchtejoghurt, rechts darunter eine Tasse mit lauwarmem Wasser. Daneben liegt ein Teebeutel. In der Mitte des Tabletts steht ein Teller, auf dem drei Scheiben Wurst und zwei Scheiben Käse liegen. Links liegen zwei Scheiben Mischbrot und links oben zwei kleine Butterstücke. In der Mitte oben befindet sich das Besteck. Ich werde mir angewöhnen, das immer vor dem Essen mit der Serviette zu säubern.

„Mahlzeit", sagt Heinz. „Dir auch guten Appetit", antworte ich. Beide sitzen wir auf unseren Bettkanten, die Rücken einander zugewandt und darauf achtend, dass wir die Schläuche, die an unseren Körpern hängen, nicht durcheinander bringen. Wir beginnen ein Gespräch über das Essen. Besser gesagt, wir schimpfen über das Essen. Während ich das als Neuankömmling noch locker sehe, ist Heinz schon etwas schärfer in seinen Formulierungen. „Das ist doch ein Fraß. Ich hab hier gar keinen Hunger. Sieh dir das mal an: Das Brot ist kalt, ja fast eisgekühlt. Das kann ich nicht essen." Und tatsächlich, das Brot und auch die Wurst und der Käse sind kalt, wahrscheinlich aus dem Kühlhaus. Wir philosophieren darüber, dass dieses Abendessen wohl schon morgens vorbereitet wird und dann in die Kühlung kommt. So geht es weiter. Wir sprechen über die banalsten Dinge. Aber irgendwie passt es, als wenn sich zwei Gleichgesinnte getroffen haben und sich mit einem solchen Gespräch ein Stück Normalität herholen.

Mein Abendmenü esse ich trotz der Schimpferei. Zum einen habe ich Hunger, zum anderen habe ich mir vorgenommen, auch wenn der Appetit mal nicht da sein sollte, mich trotzdem zum Essen zu zwingen. Ich will und werde alles tun, um so gut es geht „fit" zu bleiben. Im Krankenhausflur steht ein Ergometer, zwar ein wenig versteckt in der Ecke und anscheinend ein etwas älteres Gerät, aber vielleicht versuche ich es mal.

Schwester Anna war mehrmals da und hat die Infusionsgeschwindigkeit erhöht. Einmal musste ich sie rufen, weil das Durchlaufgerät gepiepst und eine Störung angezeigt hat. Um 21.30 Uhr war alles durchgelaufen. Es wurde nachgespült und auch der Pfleger war zum Messritual hier. Der Blutdruck ist hoch, aber Fieber habe ich nicht. Die angebotene Schlaftablette habe ich abgelehnt. Mit Heinz habe ich mich noch etwas unterhalten. Nachrichten habe ich mir angesehen und irgendeinen Film, den ich schon wieder vergessen habe. Häufig war ich mit dem Christbaumständer auf der Toilette und einmal habe ich mich mit den Schläuchen verheddert, es aber wieder hinbekommen. Mit Moni habe ich noch kurz telefoniert und ihr Gute Nacht gewünscht. Und jetzt liege ich da und kann nicht schlafen. Die Infusionsgeräte von Heinz geben ihre gleichmäßigen Geräusche ab. Auf dem Flur ist immer wieder die Schwesternglocke zu hören. Egal ob ich schlafe oder nicht, auch diese Nacht wird vorbei gehen. Und morgen geht es dann mit der Chemo weiter.

5. November

Mehr als zwei bis drei Stunden flacher unruhiger Schlaf waren das nicht. Ich war heute Morgen um sieben Uhr schon im Bad und habe mich frisch gemacht. Duschen ist etwas schwierig. Ich muss den Hals ja ausnehmen wegen des Katheters. Das heißt erstmal bis zum Hals duschen und dann mit Verrenkungen, den Kopf ganz nach vorn halten und die rechte Hand nach oben, um den Hals zu schützen. Irgendwie kriege ich es damit hin, auch den Kopf und die Stoppeln auf dem Kopf zu waschen. Das ist ohnehin ein Phänomen. Ich habe immer noch die kurz geschnittenen Haare, also die Stoppeln auf dem Kopf. Die sind mir nach der ersten Chemo noch nicht ausgegangen.

Heinz hat heute Nacht mehrmals nach der Schwester klingeln müssen, da eine Infusion leer war und ab- oder umgehängt werden musste. Wir haben uns eben einen guten Morgen gewünscht und uns ausgetauscht, wie schlecht wir heute Nacht geschlafen haben. Dies ist eben ein wichtiges Thema für uns. Und nun geht das Krankenhausritual wieder los. Die Abläufe sind jeden Tag ungefähr gleich. Auf dem Beistellschränkchen liegen die Medikamente für diesen Tag und die Karten für Frühstück, Mittag- und Abendessen des nächsten Tages. Diese Karteikarten müssen ausgefüllt werden und die Servicekraft sammelt sie im Laufe des Tages ein. Gar nicht so einfach, unter drei Mittagsmenüs zu wählen, da ich ja heute noch gar nicht weiß, ob und worauf ich morgen Appetit habe. Trotzdem werde ich mich nachher mal dran machen und die Karten ausfüllen.

Während ich die ersten Tabletten nehme, geht die Tür auf und zwei Schwesternhelferinnen kommen mit dem Utensilienwagen und dem Wiegestuhl. Wiegen, Temperatur und Blutdruck messen stehen an. Der Blutdruck ist immer noch etwas hoch, Fieber habe ich keines (36,8 °C). Ich habe etwa ein Kilogramm zugenommen. Das liegt bestimmt nicht am übermäßigen Essen, sondern eher an den Medikamenten und an den Wassereinlagerungen im Körper. Schwester Anna hatte mir schon einmal erklärt, dass Lasix gegeben wird, wenn das Gewicht gegenüber der Aufnahmeuntersuchung um mehr als drei Kilogramm zunimmt. Dieses Mittel sorgt dafür, dass die Wassereinlagerungen im

Körper wieder ausgeschieden werden. Hoffentlich erwischt es mich nicht, denn diese Lauferei mit dem Christbaumständer, und das dann alle zehn Minuten, ist nicht lustig. Mein Bett wird aufgeschüttelt und es wird nachgefragt, ob ich noch etwas benötige. „Ja, bitte frische Handtücher und das Mittel, um die Mundhöhle zu spülen", gebe ich an. „Bringe ich Ihnen gleich", ist die Antwort und die zweite Schwesternhelferin ist schon bei Hans, der sich dem gleichen Ritual unterziehen muss. Seine Werte sind okay; er gibt jedoch an, dass ihm der Schluckauf allmählich zu schaffen macht. Sein Hinweis wird zur Kenntnis genommen und anscheinend ins Patientenblatt eingetragen, wie die anderen Messwerte auch.

Nach dem Frühstück heißt es wieder daliegen und warten. Die Putzfrau kommt heute schon sehr früh und wischt einmal durch das Zimmer. Ist auch wichtig, denke ich, da im Krankenhaus wegen der Keime Vorsicht walten muss, und gerade hier bei den Patienten mit geschwächtem Immunsystem umso mehr. Alle Schwestern, Ärzte, Pfleger und auch die Putzfrau müssen hier Mundschutz tragen, wenn Sie in das Zimmer kommen. Darum weiß ich nur bei manchen, wie ihr ganzes Gesicht aussieht. Ich habe schon bemerkt, dass eine Person ganz anders auf mich wirkt, wenn ich sie dann einmal ohne diesen Mundschutz sehe. Was ein Gesicht doch ausmacht. Außerdem muss sich jeder die Hände desinfizieren, der das Zimmer betritt und verlässt. Überall, im Bad, im Zimmer und auch direkt vor der Zimmertür hängen diese Flaschen mit dem Desinfektionsmittel. Auch die Patienten sind angehalten, dieses Mittel laufend zu verwenden. Ich mache das häufig, nach jedem Toilettengang, auch vor und nach jedem Essen oder auch zwischendurch. Die Putzfrau ist jetzt im Bad und macht dort ebenfalls sauber. Und bei uns im Zimmer trocknet der Boden schon wieder.

Es ist gleich elf Uhr und „meine" Chemo ist noch immer nicht angeschlossen. Aber draußen im Flur sind bereits Stimmen zu hören. Ich denke, dass gleich die Visite kommt – und so ist es. Ein kurzes Klopfen und es kommen Prof. Kellner, Frau Dr. Müller-Steiner und drei weitere Ärzte oder angehende Ärzte ins Zimmer. Prof. Kellner fragt: „Wie geht es Ihnen?" Ich antworte wie meistens: „Gut, Herr Professor." Er bespricht sich daraufhin mit Frau Dr. Müller-Steiner: „Wir starten dann mit der Chemo und beginnen mit dem Cisplatin." Er wendet sich mir zu: „Das haben Sie beim ersten Zyklus ja nicht so gut vertragen." „Ja", antworte ich, „auch dass es über 26 Stunden lief, hat mich genervt." Prof. Kellner erklärt mir: „Dieses Mittel enthält Platin, ein Edelmetall, das der Körper nicht so leicht über die Nieren abbauen kann. Und dieses Mittel wirkt nicht nur auf die schnell wachsenden Krebszellen, sondern auch auf gesunde Zellen." Dann wendet er sich wieder an Frau Dr. Müller-Steiner: „Wir geben das Mittel trotzdem, dazu zwei Mal 4.200 mg Ara-C und die entsprechenden begleitenden Mittel wie Dexamethason und viel Wässerung – und das immer mit genügend Pausen dazwischen." Auf meine Frage hin, ob ich am

106

Freitag nach Hause gehen könne, lächelt der Herr Professor nur und sagt: „Wir werden sehen."

Dann zieht das ganze Regiment von Ärzten weiter zu meinem Nachbarn, befragt Heinz nach dessen Befinden und bespricht mit ihm das weitere Vorgehen. Als sie unser Zimmer verlassen haben, höre ich die Gruppe vor der Tür noch diskutieren, kann jedoch nicht verstehen, worum es geht. Dann klopft es wieder an der Tür und Prof. Kellner kehrt mit seinem Anhang an mein Bett zurück: „Wir haben uns doch anders entschieden. Wir geben nicht das Cisplatin, das Sie nicht so gut vertragen haben, sondern Carboplatin, ein Cisplatin-Abkömmling mit ähnlicher Zusammensetzung, aber wir denken, dass sie dieses Mittel besser vertragen. Diese Infusion wird nicht über 26 Stunden, sondern über eine Stunde gegeben." „Ja, vielen Dank", sage ich noch, und während die Ärzte das Zimmer wieder verlassen, rechne ich schon nach, dass dadurch meine Chancen steigen, am Freitag nach Hause zu können. Ich freue mich über diese Nachricht. Außerdem sind die Knoten am Hals und in der Leiste kaum noch zu ertasten. Dies bedeutet, dass die Therapie anschlägt – zumindest bilde ich mir das so ein. Ich muss nur die üblen Nebenwirkungen einigermaßen in den Griff bekommen.

Ich tausche mich mit Heinz über unsere Therapien aus. Während ich ganz zuversichtlich bin und das Ziel der Freitagsentlassung vor Augen habe, ist Heinz nicht so optimistisch. Er hat jetzt noch zwei Tage Chemo und deren Nebenwirkungen zu verkraften. Vor allem der andauernde Schluckauf macht ihm zu schaffen. Ich versuche ihn etwas aufzumuntern und behaupte, dass die Therapie bestimmt angeschlagen habe, es schon aufwärts gehen werde und er bestimmt bald eine Erholungspause zu Hause bekomme. Doch Heinz ist heute nicht gut drauf und äußert sich sehr negativ: „Jetzt bin ich schon so lange hier. Ich mag bald nicht mehr. Ich bin hier in diesem Zimmer eingesperrt und sehe nur noch diese vier Wände." Ich antworte: „Jetzt komm Heinz. Das wird schon. Wann bekommst du denn Besuch?" „Meine Frau kommt morgen vorbei. Wir wohnen sechzig Kilometer weit weg, da ist es nicht einfach für sie, hierher zu kommen. Sie fährt immer mit dem Zug und dann mit S- und U-Bahn. Das dauert etwa eine Stunde." „Naja", sage ich, „stell dir vor, du musst innerhalb Münchens von einem Stadtrand zum gegenüberliegenden fahren, da brauchst du sicher länger." Und schon haben wir uns abgelenkt von unseren Krankheitsgeschichten. Wir sprechen jetzt darüber, dass er alle zwei bis drei Tage Besuch von seiner Frau bekommt. Einmal in der Woche kommt auch seine Tochter vorbei und manchmal wird sie von ihrem Freund begleitet. Sie bringen ihm immer etwas Leckeres zu essen mit und er geht dann mit seiner Frau auch hinaus in die Cafeteria, um einfach mal dieses Zimmer zu verlassen. Ich erzähle ihm, dass ich innerhalb der paar Tage, die ich hier verbringe, gar keinen Besuch erwarte. Falls mir doch danach ist, wünsche ich mir ohnehin nur Moni als Besuch, doch momentan will ich ihr das nicht antun. Ich liege ja nur hier rum und hänge an diesen Schläuchen. „Ja", sagt Heinz, „schön ist das nicht, wenn der Besuch immer diese Maske aufsetzen und Abstand halten muss."

Und so reden wir, bis das Mittagessen kommt. Ich hebe den Deckel und siehe da: ein Stück Fleisch, Spinat und Kartoffeln. Und rechts oben in dem kleinen Töpfchen ist eine Gemüsesuppe. Das Gemüse in der Suppe kann ich allerdings kaum finden – und das alles schön lauwarm. Dazu gibt es noch einen Joghurt zur Nachspeise. Aber ich esse alles auf. Heinz ist zurückhaltender; er lässt die Hälfte stehen.

Schwester Anna hat heute wieder Dienst. Sie kommt jetzt kurz nach Mittag in unser Zimmer und hat für mich die Tabletten und Infusionen dabei, die ich vor der Chemo bekomme. Während ich die Tabletten einnehme und Schwester Anna die Infusionen anschließt, frage ich sie, woher sie kommt und wie lange denn der Dienst jetzt tagsüber geht. „Ich komme aus Zwiesel im Bayerischen Wald und habe hier in München gleich in der Nähe der Klinik ein Zimmer. Aber immer wenn ich ein paar Tage oder mal das Wochenende frei habe, fahre ich nach Hause." Und weiter: „Ich habe heute Mittag mit meinem Dienst begonnen und der dauert bis zur Ankunft der Nachtschwester um 20 Uhr. Dann ist noch Übergabe, sodass ich gegen 21 Uhr fertig bin", erklärt sie mir. Länger können wir nicht miteinander sprechen, da die Infusionen angeschlossen sind und schon wieder ein anderer Patient nach ihr läutet.

Obwohl ich bisher keine Schwester, keinen Pfleger oder Helfer über die Belastung habe klagen hören, spüre ich schon, dass hier alle, einschließlich der Ärzte, ordentlich zu tun haben. Hier in der Onkologischen Abteilung brauchen die Patienten laufend ihre Infusionen und bestimmt nicht jeder Patient ist dabei so geduldig oder auch noch so fit, wie Heinz und ich. Das werde ich in nächster Zeit mal etwas beobachten. Es wird doch immer wieder von zu wenigem und daher überlastetem Personal in den Kliniken gesprochen.

Das Handy klingelt. Mein Vorstandskollege ruft an und erkundigt sich, wie es mir geht. „Danke Ingo, geht schon", antworte ich und erzähle ihm, dass in Kürze die Chemo angeschlossen wird, dass ich möglichst am Freitag die Klinik verlassen will usw. Und er berichtet von der Firma, was dort aktuell so passiert, wie die Finanzsituation aussieht, was sich im Verband und in der Politik in Berlin im Bereich Sozialversicherung so tut und dass in Kürze der jährliche Termin beim Bundesversicherungsamt ansteht, den wir über die vielen Jahre hinweg immer gemeinsam wahrgenommen haben. „Du fehlst uns hier sehr", sagt er. Auf der einen Seite freut mich das, auf der anderen Seite macht es mir wieder mal deutlich, dass ich hier in einer ganz anderen Welt bin und mein „normales Leben" momentan überhaupt nicht stattfindet. Mein Leben findet aktuell nur in diesem Krankenzimmer statt. Ich bin ausschließlich mit Dingen beschäftigt, die momentan für mich das Wichtigste sind, unterbrochen nur von den gelegentlich ablenkenden Gesprächen mit meinem Zimmernachbarn Heinz.

Ich freue mich natürlich und bin dankbar, dass Ingo den Kontakt aufrecht erhält und versucht, mich über die wichtigsten Dinge in der Firma auf dem Laufenden zu halten. Dies ist ja nicht unbedingt selbstverständlich, für die Rückkehr in meinen Job allerdings sehr wichtig. Und ich möchte möglichst schnell zu meiner Arbeit zurückkehren. Bei Ingo kommt hinzu, dass er ehrlich an meinem Befinden interessiert ist, da wir auch über die kollegiale Zusammenarbeit hinaus befreundet sind. Und ich denke, er war ernsthaft schockiert, als ich ihm im September die Diagnose mitteilen musste. „Wir müssen unser Gespräch abbrechen Ingo", sage ich. „Die Infusion ist durchgelaufen und ich muss der Schwester klingeln. „Mach es gut und halte die Ohren steif. Ich rufe dich nächste Woche wieder an", verabschiedet er sich.

Eine Stunde ist es her, dass Schwester Anna die erste Infusion wieder abgenommen hat. Die Wässerung läuft weiter und jetzt schließt Frau Dr. Müller-Steiner die Chemo an, nicht ohne vorher wieder mein Geburtsdatum abgefragt zu haben. Ich bin gespannt, wie ich jetzt diese Carboplatin-Chemo vertrage, die nur eine Stunde lang läuft und nicht wie die Chemo beim ersten Zyklus über 26 Stunden.

Das Abendessen wird serviert und ich bin auf die Überraschung gespannt, wenn ich den Deckel hebe. Aha: Wieder zwei Scheiben Wurst und zwei Scheiben Käse, dazu Diätmargarine und Tee. „Mahlzeit", sage ich zu Heinz. Er wünscht mir ebenfalls einen guten Appetit. In der letzten Stunde haben wir uns wieder einmal gut unterhalten. Wir haben festgestellt, dass wir beide gern über Fußball reden. „Gegen wen spielen denn die Bayern am Wochenende?", frage ich. „Die spielen am Samstag in Frankfurt", antwortet Heinz. „Was meinst du, gewinnen die Bayern?", frage ich. Wir sind schnell einer Meinung, dass die Bayern siegen werden. Ich erzähle Heinz, dass ich außer Bayernfan auch Fan von Hannover 96 bin. Heinz will wissen, wie ich denn auf Hannover 96 komme. Und so erzähle ich ihm, dass ich schon 1998 nach Hannover gezogen bin und dort auch heute noch arbeite. So seien auch die Kontakte zu Hannover 96 im Laufe der Zeit entstanden. „Ich habe fast jedes Heimspiel besucht und teilweise, wenn es terminlich gepasst hat, auch mal ein Auswärtsspiel." Ich stelle fest, dass Heinz auch einiges über diesen Verein und seine Spieler weiß. Sein Fußballwissen reicht auch weit in die Vergangenheit zurück. Er kennt die Leistungen ehemaliger Spieler genauso gut, wie die Jahreszahlen irgendwelcher besonderen Spiele. So lange wir beide über Fußball reden können, wird es uns schon nicht langweilig werden.

Ich habe den Fernseher ausgeschaltet. Es ist 23 Uhr und ich kann nicht einschlafen. Heinz kämpft mit seinem Schluckauf. „Hicks" macht es alle dreißig Sekunden. Die Chemo habe ich ganz gut vertragen – zumindest bis jetzt. Es ist bestimmt gut, dass die Ärzte sie umgestellt haben. Jetzt habe ich noch zweimal die andere Chemo vor mir. Mit Heinz zu plaudern, macht Spaß und verkürzt uns die Zeit etwas – ein netter Mensch.

Vor der *Tagesschau* habe ich mit Markus telefoniert. Ich habe ihm etwas von meinem Leben hier in dem Krankenzimmer erzählt, dass die Chemo umgestellt wurde und dass die Schwestern ganz nett sind, auch dass ich einen angenehmen Zimmernachbarn habe. Und er erzählt mir etwas von gemeinsamen Bekannten in Hannover, dass er sich gestern mit Steffi und Michael getroffen habe und beide ganz liebe Grüße ausrichten. Steffi hatte vor einiger Zeit auch Krebs und war schwer getroffen, als sie von meiner erneuten Diagnose erfahren hat. Sie ist auch eine der wenigen Personen, mit denen ich zurzeit zumindest per SMS Kontakt habe. Sie erkundigt sich zwischendurch, wie es mir geht, und spricht mir Mut zu. Markus erzählt mir auch von seiner Arbeit und was sich dort tut. So erhielt ich wieder einmal einen kurzen Blick in das „normale Leben". Und soeben habe ich, wie jeden Abend, mit Moni gesprochen, habe ihr ebenfalls von der Umstellung der Chemo erzählt und dass es mir ganz gut geht. Ich habe ihr eine gute Nacht gewünscht, gesagt, dass ich sie vermisse und dass ich unbedingt am Freitag wieder nach Hause will. Ich spüre, dass sie sich viele Sorgen macht und dennoch versucht, sich nichts anmerken zu lassen. Sie ist sehr stark und geht immer normal und positiv mit mir um. Das hilft mir ungemein.

Vermutlich wird das wieder eine lange Nacht mit wenig Schlaf. Neben mir kämpft Heinz mit seinem Schluckauf und auf dem Flur geht laufend die Klingel, die nach der Schwester ruft. Neben mir gurgeln leise die

Akkus, die unsere Infusionen steuern. Ich glaube, ich muss nochmals aufstehen und zur Toilette …

6. November

Heute geht es mir irgendwie nicht so gut. Das Duschen und Frischmachen morgens ist mir schon schwer gefallen. Geschlafen habe ich wieder nur wenig. Wenn ich wach liege, vergeht die Zeit unheimlich langsam. Beim Messritual war alles in Ordnung, nur das Gewicht lag wieder etwas höher. Schwester Son, die ich noch vom ersten Zyklus her kenne und die heute Morgen Dienst hat, sagt mir: „Wenn nicht bessel wild, dann geben Lasix." Na super, ich weiß, dass ich bei einer Lasixgabe alle zehn Minuten zum WC laufen muss. Doch anscheinend habe ich im ganzen Körper eine Menge dieser vielen Medikamente eingelagert. Da kann ich nur hoffen, dass es nach der nächsten Chemo heute nicht noch schlimmer wird.

Nachdem ich Heinz einen guten Morgen gewünscht und ihn gefragt habe, wie er geschlafen hat und wie es ihm geht, wird auch schon das Frühstück serviert. „Ich habe ganz gut geschlafen", meint Heinz, „und das trotz dieses Schluckaufs." Doch dann fängt er wieder an zu schimpfen: über das Frühstück, das Zimmer, über die Ärzte und über alles Mögliche. Ich versuche seine Stimmung etwas aufzuhellen, indem ich ihn an den heutigen Besuch seiner Frau erinnere, und daran, dass wir das alles hier schon hinkriegen werden. Daraufhin erzählt mir Heinz ein wenig von seiner Familie, von

Frau und Tochter und von seinem Haus, das er selbst gebaut hat. So vergeht die Zeit recht schnell, bis der Krankenhausalltag wieder beginnt.

Das Frühstücksgeschirr ist abgeräumt, die Putzfrau war da und Schwester Son hat die verschiedenen Infusionen angeschlossen, die ich vor der Chemo bekomme. Die Visite ist auch schon durch. Heute war sogar Prof. Pegel persönlich dabei und hat gefragt, wie es mir geht. Nachdem ich ihm geantwortet habe, es ginge mir gut, meinte er noch: „Aber Ihre Gesichtsbräune kommt nicht von drei Wochen Teneriffa, sondern vom Cortison." Wir haben noch ein wenig geflachst und gelacht und dann ging es auch schon weiter zu meinem Nachbarn. Bei ihm haben die Ärzte entschieden, dass er die Chemo noch bis Samstag bekommt. Dann wird je nach Ergebnis bei der Blutuntersuchung entschieden, wie es weitergeht.

Kurz bevor das Mittagessen kommt, wird die Chemo bei mir angehängt. Dies macht diesmal Dr. Müller. Bevor er nachfragt, nenne ich ihm gleich mein Geburtsdatum. Er vergleicht es mit den Angaben auf dem Beutel, hängt ihn an den Christbaumständer, führt den Schlauch durch das Gerät, das die Laufgeschwindigkeit steuert, und stellt den Apparat entsprechend ein. Drei Stunden läuft diese Chemo, dann wird wieder nachgespült und gewässert. Ich rechne nach: Demzufolge müsste ich morgen am Freitag die letzte Chemo bekommen und nachmittags nach Hause fahren können. Das wäre schön, denn so könnte ich das Spiel Hannover gegen Hertha in aller Ruhe zu Hause ansehen. Dr.

Müller prüft nochmals die Schläuche und den Durchlaufapparat, bevor er mir zum Abschied zuruft: „Wenn irgendetwas ist, bitte klingeln!"

Kaum hat er das Zimmer verlassen, klopft es wieder an der Tür. Ein Mann mit einer roten Clownsnase, blau kariertem Hemd und Latzhose mit Hosenträgern steckt den Kopf herein: „Wir sind die Klinikclowns. Dürfen wir reinkommen?" „Natürlich", sagen Heinz und ich wie aus einem Munde. Wir sind ja hier für jede Abwechslung dankbar. Der Clown tappt ins Zimmer, im Schlepptau eine Frau, die ebenfalls eine Clownsnase trägt, dazu Zöpfe, einen weiten Rock, bunte Strümpfe und eine große Handtasche. Es dauert nicht lange, bis Heinz und ich mit den beiden in ein lustiges Gespräch vertieft sind, wobei die Clowns jedes Stichwort von uns aufgreifen. Als wir erzählen, dass wir uns für Fußball interessieren, fragt uns der Clown: „Soll ich euch einen Fußball basteln?" „Ja, gerne!", rufen wir. Da holt er aus der Handtasche seiner Clownsfrau einen blauen Luftballon, bläst ihn auf und klebt ihn an die gegenüberliegende Wand, sodass wir ihn genau im Blickfeld haben. „So, jetzt habt ihr hier einen Fußball", sagt er. Die beiden erklären uns noch, dass sie jede Woche einmal auf diese Station kommen, dass sie auch an der Kinderklinik tätig sind und dass manche Patienten sie auch ablehnen. Heinz und ich jedenfalls waren sehr froh über diese Abwechslung und bedanken uns recht herzlich bei den Clowns. Sie waren die ersten Personen, die ohne Mundschutz in unserem Zimmer waren. Und wir haben endlich mal wieder gelacht.

116

Kaum sind die beiden weg, klopft es wieder an der Tür und Heinz' Frau kommt zu Besuch, mit Mundschutz und sich noch die Hände reibend vom Desinfektionsmittel vor der Tür. Heinz stellt mich vor und sagt ihr, dass er sehr froh sei, mich als Zimmergenossen zu haben. Seine Frau stellt sich mir ebenfalls vor: „Ich bin Maria. Heinz hat mir am Telefon schon von seinem neuen Zimmernachbarn erzählt, auch dass ihr euch so gut versteht." Die beiden wollen in die Cafeteria gehen und ich habe den Eindruck, dass Heinz richtig glücklich darüber ist, hier mal rauszukommen. Er legt ebenfalls den Mundschutz an und setzt eine Mütze auf, nimmt seinen Christbaumständer und sie marschieren los. „Bis später dann", verabschieden sie sich.

Wieder ist ein Tag vorbei. Das mit der Chemo und dem Nachspülen hat geklappt. Ich habe alles gut vertragen, nur der Schluckauf kommt allmählich, vor allem beim Essen und Trinken. Noch beherrsche ich ihn, da ich ihn unterdrücken kann. Beim Wiegen hat es mich dann heute doch erwischt. Ich habe an Gewicht zu viel zugenommen und deshalb bekam ich Lasix. Laut *Wikipedia* führt dieses Mittel zur Ausscheidung großer Mengen von Gewebeflüssigkeit. Bei intravenöser Gabe sind Ausscheidungsmengen von bis zu fünfzig Liter pro Tag möglich. Na so viel ist es bei mir wohl nicht. Aber ich bin schon alle zehn Minuten mit meinem Christbaumständer auf die Toilette gegangen und habe jetzt wirklich das Gefühl, leichter zu sein. Auch die Beine sind meiner Meinung nach nicht mehr so dick wie vorher. Inzwischen haben sich die Intervalle des Toilettenganges bereits auf eine halbe Stunde verlängert. Ich denke, das wird noch besser werden und vielleicht kann ich dann doch etwas schlafen.

7. November

Endlich ist Freitag. Wieder habe ich kaum geschlafen. Diese langen Nächte hier sind grausam. Nach der Morgentoilette mussten wir heute etwas länger auf die Mess- und Wiegezeremonie warten. Und Gott sei Dank, mein Gewicht ist aufgrund der Lasixgabe zurückgegangen. Die Infusionen sind auch schon angehängt. Nun gibt es noch drei Stunden Chemo, dann wird gespült und diese großen Beutel mit der Wässerung müssen auch noch reinlaufen. Dann hat sich die Lasixgabe hoffentlich erledigt.

Es ist Nachmittag und alles hat reibungslos funktioniert. Die Substanzen sind im Körper und ich bin auch nicht mehr gewogen worden. Deshalb gab es auch kein Lasix mehr. Dr. Müller sitzt bei mir auf der Bettkante und bespricht mit mir die Entlassung. „Wie geht es Ihnen denn jetzt?", fragt er mich. „Danke gut, ich habe nur leichten Schluckauf und freue mich, jetzt nach Hause zu können", antworte ich. „Ja", fährt Dr. Müller fort, „wir konnten ja nachdem der Halskatheter gesetzt worden war, am Dienstag mit der Therapie beginnen. Da sich nach dem ersten Zyklus erhöhte Retentionsparameter im Sinne eines akuten Nierenversagens zeigten ..." „Moment", unterbreche ich ihn. „Was heißt denn Retentionsparameter?" Dr. Müller erklärt: „Das sind bestimmte labormedizinische Messwerte, deren Erhöhungen auf eingeschränkte Nierenfunktion hindeuten. Ihre Kreatininwerte waren nicht in Ordnung. Wir haben dann die Chemo umgestellt und die Retentionsparameter, also ihre Kreatininwerte, blieben daraufhin konstant, sodass wir sie heute bei stabilem Allgemeinzustand nach Hause entlassen können." Er weist mich wieder einmal deutlich darauf hin, dass ich bei Verschlechterung meines Zustandes, bei Fieber oder sonstigen Beschwerden sofort in die Notfallaufnahme kommen müsse. Hoffentlich passiert nichts, denke ich. Mit der Notfallaufnahme habe ich beim letzten Mal keine guten Erfahrungen gemacht. Außerdem muss ich wöchentlich beim Hausarzt ein Blutbild machen und den Kreatininwert überprüfen lassen.

„Jetzt besprechen wir noch das weitere Vorgehen", kündigt Dr. Müller an. „Sie bekommen von mir ein Rezept. Ich habe schon mit ihrer Apotheke telefoniert. Sie müssen morgen dort mit diesem Rezept die Neupogen-Spritzen abholen. Nehmen Sie genügend Geld mit, denn die Spritzen kosten etwa 5.000 Euro. Ab Sonntag dann spritzen Sie sich jeweils morgens und abends eine Ampulle. Schaffen Sie das? Ansonsten müssen wir das hier machen." „Na klar schaffe ich das, und wenn ich Hilfe benötige, steht mir eine Nachbarin zur Verfügung. Sie ist gelernte Krankenschwester und kann das bestimmt", antworte ich. Dr. Müller erklärt mir weiter, dass ich diese Spritzen bis zum 17. 11. morgens setzen muss. An diesem Montag soll ich dann in das TTZ zur Stammzellmessung kommen. „Herr Dr.

Müller, was ist das TTZ?", frage ich. „Das ist das Tumortherapiezentrum, wenn Sie am Haupteingang in die
Klinik kommen, gleich nach der Cafeteria rechts die
Treppe nach unten", erklärt er mir. „Wenn die Messung ergibt, dass genügend Stammzellen vorhanden
sind, werden wir diese am gleichen Tag abnehmen,
wenn nicht, müssen Sie weiter spritzen und am nächsten Tag nochmals kommen." Ich frage nach: „Wie geht
denn diese Stammzellabgabe vor sich?" Und Dr. Müller
antwortet: „Ihnen wird rechts und links am Arm eine
etwas dickere Kanüle gesetzt, dann fließt auf der einen
Seite Blut heraus, durchquert einen Apparat, in dem die
Stammzellen entnommen werden und auf der anderen
Seite bekommen Sie ihr Blut wieder zurück. Das kann
insgesamt vier Stunden dauern, kann aber auch schneller gehen. Wenn in vier Stunden nicht genügend
Stammzellen gesammelt werden können, müssen wir
die Prozedur am nächsten Tag fortsetzen." „Gut", sage
ich, „im Großen und Ganzen habe ich das verstanden."

Dr. Müller erläutert mir weiter, dass nun nach dem
zweiten Zyklus ein Zwischen-Staging mittels einer
Computertomografie erfolgen soll. Diese Untersuchung
ist bereits für den 21. 11. terminiert. Die Besprechung
des Ergebnisses und die Entscheidung, ob es gleich in
Richtung Hochdosis-Chemo- und Stammzelltherapie
gehen wird oder doch noch ein dritter Zyklus erfolgen
soll, ist für den 24. 11. beim Professor vorgesehen.
„Und egal, wie es weitergeht, wir haben für den 25. 11.
Ihre erneute Aufnahme auf unserer Station vorgesehen", ergänzt Dr. Müller noch. Er übergibt mir eine

Anleitung zur Selbstinjektion der Neupogen-Spritzen. Außerdem erhalte ich ein „Informationsblatt und Einwilligungserklärung für Patienten über die Freisetzung (Mobilisation) autologer Blutstammzellen ins strömende Blut mittels Chemotherapie zusammen mittels Gabe von Neupogen" und ein „Informationsblatt und Einwilligungserklärung über die Leukopherese, Tiefgefrierung und Tiefkühllagerung autologer Blutstammzellkonzentrate". Beides soll ich mir in Ruhe durchlesen, bei Fragen anrufen und dann die unterschriebene Einwilligungserklärung zum Termin im TTZ mitbringen.

Da steht ja einiges an in nächster Zeit. Ob ich mir das alles merken kann? Doch da gibt mir Dr. Müller bereits den Hinweis: „Dies alles steht auch im Arztbrief, den ich Ihnen mitgebe." Gut, denn jetzt will ich nur noch raus hier. Um alles andere kümmere ich mich dann später. „Ich entferne Ihnen nur noch den Halskatheter und dann können Sie nach Hause." Diesen Satz höre ich gern. Auf Dr. Müllers Bitte hin lege ich mich auf das Bett und zwar so, dass er gut an den Hals kommt. Er zieht die Pflaster von der Haut, dann zieht es leicht am Hals und schon ist der Halskatheter entfernt. Ich soll nur noch zehn Minuten liegen bleiben und die Wunde abdrücken.

Es sind zwar noch nicht ganz zehn Minuten um, aber es blutet nicht mehr. Wird schon gehen. Während ich mich ankleide – es ist schön, wieder Jeans und Hemd zu tragen und nicht an Schläuche angeschlossen zu sein – verabschiede ich mich von Heinz: „Mach es gut und halte die Ohren steif", sage ich zu ihm und er antwortet: „Auf der einen Seite freue ich mich für dich, dass du nach Hause kannst, auf der anderen Seite bin ich traurig. Es war eine gute Zeit mit dir hier. Wir haben uns doch super verstanden." „Ja", sage ich, „wer weiß? Du kannst bestimmt auch bald nach Hause. Ich rufe dich nächste Woche mal an und erkundige mich." Wir tauschen unsere Adressen und Telefonnummern aus und versprechen einander in Kontakt zu bleiben. Ich meine auch, eine kleine Träne bei ihm entdeckt zu haben.

Mütze auf, die Jacke angezogen und die Tasche geschultert. Ich gehe das eine Stockwerk nach unten, dann durch die HNO-Abteilung in Richtung Ausgang. Mir ist, als würde ich eine kleine sterile Welt verlassen und jetzt wieder in die große „normale Welt" eintauchen. Bereits auf den Krankenhausfluren durchquere ich ein ungewohntes Gewusel von Ärzten, Patienten und Besuchern. Auch auf der Straße ist viel los: Leute, die in Anzug und Mantel ihren Geschäften nachgehen, viele, die mit Einkaufstüten den Gehsteig entlang eilen, die Straßenbahn, die vorbei fährt und aus der die Fahrgäste gelangweilt aus den Fenstern sehen … Da biegt auch schon Moni um die Ecke und ich steige ein. Es geht endlich nach Hause.

Wir sitzen am Frühstückstisch. „Ist das schön, wenn das Frühstück so appetitlich hergerichtet ist", schwärme ich, „ganz anders, als auf dem Bettrand zu sitzen, den Plastikdeckel abzunehmen und dann die jeweils zwei völlig geschmacksfreien Scheiben Wurst und Käse vor sich zu haben." „Dann genieße es jetzt", lächelt Moni. Ich habe allerdings keinen großen Appetit. Die Chemo scheine ich diesmal beim zweiten Zyklus jedoch etwas besser vertragen zu haben. Ich fühle mich trotzdem schlapp, obwohl ich heute Nacht im eigenen Bett etwas besser geschlafen habe. Allerdings musste ich viermal raus auf die Toilette. Gestern Abend habe ich zwei Flaschen Wasser getrunken, da ich mir einbilde, dass dadurch die ganze Chemie wieder aus dem Körper geschwemmt wird. Der Schluckauf fängt wieder an, mich zu nerven. Meistens geht es beim Trinken oder Essen los und bleibt dann längere Zeit so – unangenehm.

Als wir am gestrigen Freitag heimkamen, habe ich erst einmal geduscht, dann mit Mama und meinen Kindern telefoniert und Bescheid gesagt, dass ich wieder zu Hause bin. Danach gab es Abendessen, auch dies schon mit Schluckauf. Anschließend lag ich nur noch auf der Couch und habe mir das Spiel Hannover gegen Berlin angesehen. In der zweiten Halbzeit bin ich eingeschlafen, sodass ich erst jetzt beim Frühstück durch die Zeitung erfahre, wie das Spiel ausgegangen ist.

Nach dem Frühstück muss ich jetzt gleich wieder Zähne putzen und mir den Mund mit dem Salbeimittel spülen. Das tue ich auf Empfehlung der Ärzte mehrmals am Tag. Teilweise lutsche ich zusätzlich auch noch Salbeibonbons. Moni hat gelesen, dass auch das Kauen von Salbeiblättern helfen soll, die angeschlagenen Schleimhäute zu schonen. Wir entscheiden, dass wir heute beim Einkaufen einen Salbeistock mitnehmen, damit ich in Zukunft immer etwas zu Kauen habe. Alles, was mir hilft, bei meinem angeschlagenen Immunsystem einen Infekt zu vermeiden, nehme ich wahr – und das mit großer Disziplin, da ich weiß, dass ein Infekt sich leicht zu einer Lungenentzündung ausweiten kann und dann natürlich der ganze Therapieplan nicht mehr passt und sich alles verzögert. Sämtliche Termine, die mir Dr. Müller gestern genannt hat, wären dann obsolet – furchtbar. Jeder Tag, der die Therapie verzögert oder verlängert, würde meiner Meinung nach meine Psyche, die bisher noch in Ordnung ist, empfindlich beeinträchtigen. Deshalb immer positiv denken: Es wird schon alles klappen. Bis jetzt ging ja auch über zwei Zyklen hinweg alles gut.

Heute Vormittag werden wir einkaufen gehen und anschließend zur Apotheke, um die Spritzen abzuholen, die mir ab morgen gesetzt werden. Heute Nachmittag würde ich gern einmal um den See spazieren. Ich will mich bewegen, so lange ich nicht zu schlapp dafür bin. Nach dem Spaziergang sehe ich mir auf der Couch Fußball an und heute Abend gibt es Fisch und Gemüse dazu. Als ich gesund war, gab es zum Fisch immer ein Glas Wein, momentan gibt es nur Wasser – auch egal.

9. November

Ich habe wieder nur schlecht geschlafen, und obwohl es Sonntag ist, sind wir früh aufgestanden. Heute Morgen steht etwas Besonderes an. Es gibt die erste Neupogen-Spritze. Wir haben das so geregelt, dass die erste Spritze heute unsere Nachbarin setzt, die ja gelernte Krankenschwester ist, sodass sie Moni genau zeigen kann, wie sie das machen muss. Anschließend wird Moni dann das Spritzen übernehmen. Mir ist das lieber, als mich selbst zu spritzen. Acht Uhr hatten wir vereinbart und schon klingelt es. „Guten Morgen, Schwester Nachbarin ist da", sagt Petra froh gelaunt, um sich dann mit sorgenvoller Miene erst einmal zu erkundigen, wie es mir geht. „Danke, bisher muss ich zufrieden sein. Ich bin nur etwas schlapp und ein Schluckauf plagt mich", antworte ich. „Dann wollen wir mal ran. Ich habe das früher als Krankenschwester laufend gemacht. Und auch jetzt noch, wenn ich in der Altenpflege aushelfe", sagt Petra. Moni ist sehr froh darüber, dass sie ihr das Spritzen genau zeigt, das nimmt ihr die Unsicherheit. Und mir ist das auch recht. Ich hole die erste Spritze aus dem Karton im Kühlschrank, und während Petra Moni alles erklärt und ich den Bauch freimache, gibt sie bereits etwas Sprühdesinfektionsmittel auf eine Stelle neben dem Bauchnabel, zwickt die Haut zu einer kleinen Falte zusammen und zack ist die

Spritze drin. Dann noch mit einem Tupfer drüber wischen und alles ist erledigt. „Jetzt krieg ich das schon hin, vielen Dank", sagt Moni. Wir reden noch über dies und jenes, bevor sich Petra verabschiedet.

Ich beginne zu rechnen: Wenn ich jetzt eine ganze Woche lang morgens und abends diese Spritze bekomme, sind das bis Montag insgesamt siebzehn Spritzen. Wie sieht denn dann mein Bauch aus? Ich male diese siebzehn Spritzen auf einen Zettel und streiche die erste gleich durch. Dann kommt der Zettel an die Pinnwand in der Küche und ich habe so etwas wie ein Maßband, das mir anzeigt, was ich noch alles vor mir habe, aber auch was ich bereits hinter mir habe. Die vielen verschriebenen Tabletten – Pantoprazol, Allopurinol, Valsartan und Ciproflaxacin – kommen für jeden Tag der Woche in ein Kästchen, unterteilt in morgens, mittags und abends. So komme ich mit den vielen Dingern wenigstens nicht durcheinander.

Wir haben einen kleinen Spaziergang unternommen und sind nun zurück. Ich bin wieder einmal ziemlich kaputt und will mich hinsetzen oder noch besser hinlegen. Die Informationsblätter, die ich vom Krankenhaus mitbekommen habe, liegen noch auf dem Tisch. Die werde ich mir jetzt mal ansehen und durchlesen. Im Informationsblatt zur Freisetzung autologer Blutstammzellen ins strömende Blut mittels Chemotherapie und Neupogen wird ausführlich erläutert, dass bei mir die Voraussetzungen für eine Hochdosis-Chemotherapie und die anschließende Rückübertragung tiefkühlgelagerter, mir vorher entnommener Blutstammzellen gegeben sind. Durch die Hochdosis-Chemotherapie ist mit einer dauerhaften oder zumindest über Wochen andauernden Schädigung der Blutbildung zu rechnen. Deshalb werden Blutstammzellen in vorher berechneter Anzahl entnommen, tiefkühlgelagert und im Anschluss an die Hochdosistherapie rückübertragen. Weiter heißt es, dass nach ca. neun bis zwölf Tagen einer Chemotherapie die Blutstammzellen entnommen werden sollen. Unterstützt wird die Freisetzung von Blutstammzellen aus dem Knochenmark im Blut durch die Gabe einer hormonähnlichen Substanz, dem Neupogen. Das verstehe ich. Deshalb bekomme ich seit heute Morgen für die Dauer einer Woche diese Spritzen. Die Dosis wird nach dem Körpergewicht berechnet. Auf Nebenwirkungen wird ebenfalls hingewiesen: Brennen und Rötung der Haut, Kopf-, Knochen- und Muskelschmerzen, allgemeines Schwächegefühl, Übelkeit, Nachtschweiß und leichtes Fieber sowie Größenzunahme der Milz. Ich hoffe, möglichst wenig von diesen Nebenwirkungen ertragen zu müssen. Wenn es arg wird, dann hilft gegen die meisten zumindest ein Schmerzmittel.

Ich finde es unglaublich, was die Medizin heute alles kann, und ich lerne viel über meinen Körper, über Rückenmark und Blutstammzellen, über allogene und autogene Stammzelltransplantation. Ich begreife auch, dass es dazu keine Alternativen gibt. Nur durch diese komplexen Anwendungen erhalte ich die Chance, wieder ganz gesund zu werden oder zumindest eine positive Langzeitprognose zu haben. Deshalb unter-

schreibe ich gleich die Aufklärungs- und Einwilligungserklärung und lege sie bereit, um sie beim nächsten
Termin in die Klinik mitzunehmen.

Das zweite Informationsblatt über die Sammlung,
Tiefgefrierung und Tiefkühllagerung autologer Blutstammzellen lese ich auch gleich und unterschreibe es
ebenfalls. Da kommt ja in nächster Zeit einiges auf
mich zu. Und noch mal denke ich daran und hoffe, dass
alles klappt und ich wünsche mir, dass möglichst wenige Nebenwirkungen auftreten. Es wäre gut, jetzt an
etwas anderes zu denken. Beim Durchlesen dieser
Informationsblätter und wenn ich dann noch die
Fremdwörter im Internet recherchiere, kann einem
schon anders werden. Am besten ich führe ein paar
Telefonate und erzähle Mama und meinen Jungs, dass
es mir gut geht. „Moni, wollen wir nach dem Telefonieren ein wenig spazieren gehen? Nur eine halbe Stunde,
aber ich muss mal raus", bitte ich sie. „Ja gerne", sagt
Moni zu.

10. November

Es ist Montag und Moni ist zur Arbeit gefahren.
Vorher hat sie mir noch die Spritze gegeben. Ich habe
wieder schlecht geschlafen, war stundenlang wach und
habe geschwitzt. Ich denke, gestern Abend hatte ich
etwas Fieber. Trotzdem bin ich heute Morgen mit Moni
zusammen aufgestanden. Ich will unbedingt einen
einigermaßen geregelten Tagesablauf versuchen, zwar
ohne zu arbeiten – was mir momentan nicht gelingen

würde –, aber doch um das eine oder andere erledigen zu können.

Was schon mal nicht funktioniert, ist die Zeitung zu lesen. Ich kann mich einfach nicht konzentrieren. Und der Schluckauf plagt mich weiter. Ich werde mich heute zwingen, einmal um den See zu gehen. Das dauert eine Dreiviertelstunde, dann habe ich mich zumindest etwas bewegt. Und heute Mittag fahre ich zu Monis Eltern und bekomme dort ein leckeres Mittagessen. Diese Abwechslung ist mir sehr willkommen; wir unterhalten uns über alles Mögliche, aber nicht über Krankheiten. Das tut gut und lenkt ab.

11. November

Ich bin aufgewacht, da mich die Blase drückt (Kleinhirn an Großhirn: Ist doch gut, die Nieren werden gespült). Als ich von der Toilette zurückkehre, sehe ich auf die Uhr. Es ist ein Uhr nachts und ich kann nicht mehr einschlafen. Auf dem Nachttisch liegen Tabletten gegen Übelkeit, da ich, wenn ich zu Bett gehe und auch nachts, immer eine leichte Übelkeit verspüre. Bisher habe ich allerdings keine der Tabletten genommen. Ich versuche, ohne sie auszukommen, da ich schon genügend andere Tabletten schlucken muss. Ich bin gegen 23 Uhr zu Bett gegangen, habe noch etwas gelesen und bin dann schnell eingeschlafen. Aber jetzt gehen mir tausend Gedanken durch den Kopf. Ich denke an die letzten Tage und daran, wie es mit der Therapie weitergehen wird, wann und wie ich in meinen Job zurückkehren werde und ob mir das überhaupt gelingen wird. Ich denke an den Trennungsprozess meiner langjährigen Ehe und was da noch passieren wird. Und ich denke an Moni, ob und wie sie die Strapazen mit meiner Krankheit verkraftet und wie stark ich sie damit wohl belaste …

Inzwischen ist es 3.10 Uhr. Auf der Straße hält gegenüber ein Auto am Zeitungskasten. Der Bass der Musik ist gut zu hören, und als die Autotür geöffnet wird, dringt türkische Musik in extremer Lautstärke aus dem Wagen. „Volle Kanne" denke ich, mindestens 3.000 Watt. Die Zeitungskästen werden mit der neuen Zeitung von heute aufgefüllt. Die Deckel der Zeitungskästen werden nach oben geknallt, die alten Zeitungen entnommen und in das Auto gedonnert, dann die neuen Zeitungen in die Kästen geworfen und der Deckel mit voller Wucht wieder zugeknallt. Nach fünf Minuten ist alles vorbei, die Autotür wird zugeworfen und die 3.000 Watt werden so auf 2.000 gedämpft. Der Bass brummelt weiter, der Motor heult kurz auf, das Auto fährt los und es herrscht wieder absolute Stille. So vergeht die Zeit auch, wenn ich dem Zeitungslieferanten zuhören kann.

Ich bin hellwach, stehe auf, gehe in die Küche und trinke etwas Wasser. Der Kopf ist so hellwach, dass es mir gar nicht möglich ist, alle Gedanken festzuhalten. Trotzdem versuche ich zu schreiben und setze mich an den Schreibtisch. Es funktioniert nicht, denn irgendwie bekomme ich keinen meiner Gedanken zu Papier. Um vier Uhr gehe ich wieder durch Wohnzimmer und

Küche, trinke etwas, gehe nochmals auf die Toilette und dann leise wieder ins Bett, damit Moni wenigstens durchschlafen kann. Erneut versuche ich irgendwie einzuschlafen …

Die Nacht ist endlich vorbei. Ich habe doch noch etwas schlafen können und fühle mich ganz gut. Der heutige Tag wird wie die anderen ablaufen: Spritze in den Bauch, Tabletten einnehmen, frühstücken, Mund spülen, Salbeiblatt kauen, Telefonate führen, einige schriftliche Dinge erledigen, eine Runde um den See gehen usw. Auch zum Hausarzt werde ich heute fahren und Blut abnehmen lassen. Morgen bekomme ich dann die Laborergebnisse. Ich bin gespannt darauf, wie sich die Werte entwickelt haben.

12. November

Mir geht es nicht gut. Der wenige Schlaf, die angeschlagenen Schleimhäute, ständiger Schluckauf und leichte Übelkeit plagen mich. Ich rufe in der Praxis der Hausärztin Frau Dr. Schreiber an und werde mit ihr verbunden: „Grüß Gott Frau Doktor, ich möchte mich nach meinen Blutwerten erkundigen." Sie berichtet mir: „Es sieht ganz gut aus. Die Leukozyten liegen schon bei 49.000, was auf die Neupogen-Spritzen zurückzuführen ist. Die Thrombozyten sind mit 173.000 im Normbereich und auch die Kreatinin- und Harnsäurewerte sind in Ordnung. Kalium ist momentan zu wenig, da sollten Sie sich Brausetabletten in der Apotheke besorgen. Ein paar andere Werte liegen außerhalb der Norm, was jedoch bei ihrer Therapie nicht verwunderlich ist", erklärt mir Frau Dr. Schreiber. Ich bedanke mich und kündige an, in der nächsten Woche bei ihr zu erscheinen.

12. bis 16. November

Die Tage vergehen und die Abläufe ähneln sich. Morgens und abends lasse ich mich spritzen. Mein Bauch fühlt sich fest an, fast wie von einem Muskelkater und ein paar blaue Flecken sind auch zu sehen. Aber mit den Spritzen klappt es ganz gut. Moni bekommt das inzwischen wie ein Profi hin. Ich streiche jedes Mal auf meiner Liste an der Pinnwand wieder eine Spritze durch und zähle nach, wie viele noch auf mich zukommen.

Ein paar Kontakte, wenn auch nur telefonisch oder per E-Mail, halte ich auch. Am liebsten mache ich das, wenn es mir gerade ganz gut geht und sich die Nebenwirkungen, wie der Schluckauf, das Unwohlsein und anderes, zurückhalten. Dies sind dann oft sehr emotionale und von viel Zuwendung geprägte Gespräche. Viele wissen nicht, wie sie mit mir umgehen sollen, und halten sich deshalb – auch weil ich sie darum bitte – vollkommen zurück. Ich verstehe das, denn zum einen respektieren sie meine Bitte, zum anderen sind der Krebs und dessen vielfältige Symptome und Verläufe für die meisten etwas Schlimmes, das Angst auslöst und dem man am besten aus dem Weg geht. Auch das verstehe ich. Und keiner weiß, wie seine Ansprache gerade bei mir ankommt: Bin ich guter Laune, da es kaum Nebenwirkungen gibt oder sogar in bester Stimmung, da das Cortison aufputscht? Möchte ich gern eine lustige Ansprache oder doch lieber Mitleid zu hören bekommen? Ich gebe zu, dass ich mit der Frage „Wie geht es dir?" auch nicht so recht umzugehen weiß. Ich antworte dann: „Den Umständen entsprechend." Damit ist nicht viel anzufangen, aber ich habe einfach keine Lust stets dieselben Details aufzuzählen, wie: „Die Schleimhäute sind angeschlagen. Der Mund fühlt sich an, wie ausgetrocknet." Oder: „Morgens und abends Spritzen in den Bauch zu kriegen, ist unangenehm." Oder: „Mir ist abends und nachts immer unwohl." Ich denke, das würde nur weitere Fragen aufwerfen. Am liebsten ist es mir, über ganz „normale" Dinge zu sprechen, da habe ich am ehesten das Gefühl, am Leben noch einigermaßen teilzunehmen.

Ich nehme jede Möglichkeit wahr, irgendwie einigermaßen fit zu bleiben. Ich halte das in meinem Zustand für sehr wichtig, auch wenn ich mich teilweise dazu zwingen muss. Fast jeden Morgen mache ich einige gymnastische Übungen, um die Muskeln zu dehnen und gehe jeden Tag spazieren, manchmal, wenn ich mich gut fühle, eine größere Runde von ca. einer Stunde und manchmal, so wie heute, nur eine halbe Stunde.

Es ist Sonntagnachmittag und Moni begleitet mich durch die typische Novemberwitterung: kalt, feucht, bewölkt und beizeiten dämmrig. Die Tage sind schrecklich kurz und ich bin heute irgendwie schlecht drauf.

Bekomme ich eine Erkältung? Nein, das darf nicht sein. Ich mache mir gleich noch einen Tee – natürlich Salbeitee. Vielleicht geht es mir aber auch deshalb nicht gut, weil morgen der nächste Termin in der Klinik ansteht. Und klar, mir geistern die Fragen durch den Kopf: Ergibt die Messung, dass für eine Entnahme genügend Stammzellen vorhanden sind? Was passiert, wenn nicht? Wenn ja, wie läuft die Stammzellentnahme ab? Wird einem da übel oder was spürt man sonst? Ist es schmerzhaft? – Ich bin froh, dass ich mit Moni darüber reden kann. Zu zweit spekulieren, was da morgen passiert, hilft mir anscheinend. Deshalb finde ich jetzt auch etwas Ruhe und sehe mir die *Sportschau* an.

17. November

Mein Schlaf in dieser Nacht fiel wieder nur sehr knapp aus, da ich den heutigen Tag und den Termin in der Klinik immer wieder in verschiedenen Varianten durchgespielt habe. Morgens hat mir Moni die letzte Spritze gesetzt und mich danach zur Klinik gebracht. Es ist weiterhin kalt und grau draußen. Ich bin sehr warm eingepackt und öffne daher am Eingang der Klinik erst einmal die Jacke. Wie war das noch? Am Eingang rechts die Treppe nach unten – genau, und hier an der Glastür steht: „Tumortherapiezentrum". Ich trete ein und begebe mich nach rechts zur Anmeldung. Einige Patienten sind noch vor mir dran und ich muss wieder einmal warten. „Guten Tag, ich habe heute einen Termin zur Stammzellmessung und eventuell zur Stammzellentnahme." Ich gebe meinen Namen an, und nachdem der Computer mich gefunden hat, werde ich in einen großen Flur geschickt und soll dort warten – wieder einmal warten. Hier ist ein Hin und Her von Patienten und Ärzten, da will ich mir erst einen Überblick verschaffen. Aha, hier in diesen Zimmern mir gegenüber wird wahrscheinlich Blut abgenommen und ganz hinten, am Ende des Flures, sind anscheinend die Arztzimmer. Schräg hinter mir prangt ein Schild an der Tür: „Prof. Kanzel" – kenne ich nicht. Die anderen Zimmer kann ich nicht zuordnen, doch überall ist etwas los. Laufend kommen neue Patienten. Manchen sieht man an, dass sie krank sind, andere können sich zudem nur schwer bewegen. Dann ist meistens jemand zur Begleitung dabei. Andere wiederum sehen ganz munter aus. Und immer wieder wird jemand aufgerufen und verschwindet dann in einem der Zimmer.

Ich habe die Zeitung dabei, ziehe meine Jacke aus und die Mütze vom Kopf und versuche zu lesen: „Japan rutscht in die Rezession" und „Seehofer größtes Standortrisiko", wo es um die Energiewende und Vorwürfe der SPD geht, lese ich. In dem Artikel „Der gebildete Kranke" wird darüber berichtet, dass sich Ärzte immer mehr Patienten gegenübersehen, die derart viel Internetrecherche zu ihrer Krankheit betrieben haben, dass sie die Mediziner mit ihrem Halbwissen nerven. Oft werde im Internet auch blanker Unsinn veröffentlicht, z. B. über Wundertee, der Tumore schmelzen lasse u. Ä. Andererseits biete das Internet sehr wohl wertvolle Hinweise, wenn man entsprechend filtert. Ich betreibe nicht viel Internetrecherche, verlasse mich lieber auf die mich behandelnden Professoren und Ärzte. Ich habe da volles Vertrauen. Fertig lesen kann ich den Artikel nicht mehr, da ich aufgerufen werde. Von einer Schwester wird mir Blut abgenommen und gesagt, dass ich erneut aufgerufen werde, sobald in etwa einer halben Stunde die Ergebnisse vorliegen. Da ich nun wieder warten muss, kann ich den Artikel doch noch zu Ende lesen …

„Bitte kommen Sie doch mit", werde ich angesprochen. „Ich bin Frau Dr. Weiser, wir gehen in das Arztzimmer am Ende des Flures", ergänzt sie. Ich nehme seitlich von ihrem Schreibtisch mit PC Platz, in dem anscheinend meine Daten angezeigt werden. „Die Blutwerte, vor allem die Leukozytenwerte sind gut, sodass wir heute Stammzellen entnehmen können. Dies nennt sich Leukapherese." „Sehr schön, da bin ich doch sehr froh, dass ich im Zeitplan bleiben kann", antworte ich. „Ich bringe Sie jetzt dorthin, und wenn wir gleich an der Anmeldung vorbei gehen, bitte ich Sie, noch einige Formulare zu unterschreiben", sagt Frau Dr. Weiser.

Die Unterschriften sind geleistet und wir gehen durch die langen Flure des Klinikums. Der Weg führt an der Notaufnahme vorbei durch die Übergangsstation, die ich noch von meinem Notfallaufenthalt her kenne. Frau Dr. Weiser klopft an eine Tür und wir betreten einen kleinen Raum. Auf der rechten Seite steht ein Liegestuhl, wie in der Tagesklinik, dann folgt ein Vorhang, hinter dem sich noch solch ein Stuhl befindet. Neben beiden Stühlen steht jeweils ein großer Apparat. Der vordere Stuhl ist belegt und ich werde gebeten, auf dem Stuhl hinter dem Vorhang Platz zu nehmen. Auf der gegenüberliegenden Seite des Raumes ist ein langer Tisch mit mehreren Computern. Die Männer im Zimmer stellen sich mir als „Operatoren" vor. Sie tragen alle Zivilkleidung. Ein Operator wird gerade eingearbeitet. Ihm wird alles erklärt, was hier passiert. „Mein" Operator sieht aus wie ein Mexikaner, trägt lange schwarze Haare bis auf die Schultern und hat braune Haut. Er heißt Pedro und macht einen sehr ruhigen und vertrauenswürdigen Eindruck. Nun assistiert er Frau Dr. Weiser. „So", sagt sie, „ich lege Ihnen jetzt die Nadeln in der rechten und linken Armbeuge." Während sie die Nadeln setzt, erzählt sie, dass hinter dem Vorhang neben mir heute eine Medizin-Studentin liegt, die Stammzellen spendet. Für die Studenten sei es wichtig, dieses Prozedere einmal selbst zu erleben.

In meiner rechten Armbeuge klappt es ganz gut mit dem Setzen der Nadel, in der linken muss die Ärztin zweimal ansetzen. Dann ist es geschafft, die Kanülen sitzen und nun werden die ganzen Schläuche angeschlossen und münden in den großen Apparat rechts neben mir. „Pedro wird jetzt übernehmen. Bitte kommen Sie anschließend wieder zu mir ins Tumortherapiezentrum. Nun erstmal viel Erfolg!", wünscht sie mir und macht sich eilig wieder auf den Weg. Pedro legt die Schläuche so, dass sie mich nicht stören. Das bedeutet, der Schlauch aus dem linken Arm wird hinten über meinem Kopf zum Apparat geführt und der Schlauch vom rechten Arm geht direkt dorthin. Pedro schaltet an verschiedenen Knöpfen, sieht immer wieder zum PC-Monitor auf dem Tisch gegenüber und regelt den Apparat entsprechend nach. Ich frage ihn, wie das genau funktioniert und er erklärt mir geduldig: „Das Blut fließt jetzt aus Ihrem rechten Arm in diese Maschine und zwar mit einem gewissen Rhythmus und in einer bestimmten Geschwindigkeit. Hier unten in der Zentrifuge werden die Stammzellen herausgeschleudert und dann in dem Beutel hier oben gesammelt. Dann fließt Ihr Blut über die Kanüle im linken Arm wieder zurück. Wenn wir das Blut nicht zurückführen würden, dann würden Sie bald an Blutarmut leiden", flachst er noch. Das Ganze scheint ein recht komplexes Verfahren zu sein, da Pedro immer wieder die Werte kontrolliert und die Einstellungen verändert.

Fast zwei Stunden hänge ich nun schon an dieser Maschine. Da die erste Neugier befriedigt und die Anspannung vorüber ist, beginnt mich die Warterei zu langweilen. Gleichwohl hoffe ich natürlich, dass alles funktioniert und ich genügend Stammzellen abgeben kann. Meine Arme mit den Kanülen darin kann ich kaum bewegen. Auch die halb sitzende, halb liegende Haltung in diesem Stuhl ist auf Dauer unangenehm. „Es sieht sehr gut aus", sagt Pedro. „Wenn alles so weitergeht, könnten wir in anderthalb Stunden fertig sein." „Das wäre schön", meine ich. Das ist doch ein Lichtblick. Ich hoffe, ich halte es noch so lange aus, ohne auf die Toilette zu müssen. Ich sehe rechts hinauf zu dem Beutel, in dem die Stammzellen gesammelt werden, wo sich schon einiges an roter Flüssigkeit (das sollen die Stammzellen sein) angesammelt hat. Jetzt kommt auch der andere Operator bei mir vorbei, kontrolliert die Maschine und erklärt mir, dass stets die doppelte Menge an benötigten Stammzellen abgenommen und eingefroren wird, um sicherzugehen, dass genügend Stammzellen zur Verfügung stehen, für den Fall, dass etwas Unvorhergesehenes passiert und ein Teil von ihnen verloren geht. Im eingefrorenen Zustand sind die Stammzellen jahrelang halt- und verwendbar.

Geschafft! Insgesamt hat die Prozedur drei Stunden und zwanzig Minuten gedauert. Pedro schaltet die Maschine aus, nimmt den Beutel mit den Stammzellen ab und zeigt mir die hellrote Flüssigkeit. „Wir kontrollieren nochmals die Beschriftung und dann gehen Ihre Stammzellen sofort zum Einfrieren. Sie haben es hinter sich, hat alles gut geklappt." Er nimmt die Schläuche ab und die Kanüle aus der Vene am linken Arm. Von der Vene am rechten Arm nimmt er schließlich noch Blut ab. „Wir kontrollieren Ihr Blut noch einmal und lassen die Nadel noch im Arm. Wenn Sie jetzt Frau Dr. Weiser aufsuchen, wird sie entscheiden, ob alles okay ist oder ob Sie noch eine Infusion wegen eventuell zu niedriger Thrombozytenwerte erhalten." Ich bedanke mich für alles und frage, ob die Operatoren eine Kaffeekasse haben. „Nein", sagt Pedro, „wir dürfen nichts annehmen. Ich wünsche Ihnen alles Gute."

Auf dem Weg zurück ins Tumortherapiezentrum habe ich mich einmal verlaufen. Nach meiner Rückmeldung am Schalter habe ich wieder gewartet, bis ich von Frau Dr. Weiser aufgerufen wurde. Es ist jetzt 15.30 Uhr. Ich sitze ihr im Arztzimmer gegenüber und erhalte abschließend einen Arztbrief, in dem festgehalten ist, was Frau Dr. Weiser mir gerade erläutert hat: Die Apherese über die peripheren Venen ist komplikationslos verlaufen. Es konnten ausreichend viele Stammzellen gesammelt werden. Die Laborwerte sagen aus, dass die Thrombozyten bei 17.000 liegen und keine Anzeichen für Blutungen vorhanden sind. Deshalb benötige ich auch keine Infusion. Des Weiteren wird zweimal in der Woche eine Blutbildkontrolle empfohlen. Auch Frau Dr. Weiser wünscht mir alles Gute. Ich verabschiede mich und bin irgendwie in Hochstimmung. Alles hat heute geklappt, ohne irgendwelche Komplikationen, ohne dass ich nochmals zur Abgabe von Stammzellen herkommen muss. Zwei Zyklen Chemo habe ich hinter mir und bereits Stammzellen abgegeben. Außerdem sehe und spüre ich keine Knoten mehr. Bestimmt genügen diese beiden Chemo-Zyklen, sodass bei meinem nächsten Aufnahmetermin schon die Hochdosis-Chemo verabreicht wird und ich anschließend meine Stammzellen zurückbekommen kann. Wenn das alles gut geht, bin ich Weihnachten oder zumindest zum Jahreswechsel schon mit der gesamten Therapie durch. Ich gehe Richtung Ausgang, setze die Mütze auf und schließe die Jacke. Gleich kommt Moni mich abholen und wir fahren nach Hause. Erst am Freitag, den 21. 11. muss ich zur Computertomografie wieder hierher kommen.

Ruhige Tage waren das. Es gab auch keine Spritzen mehr in den Bauch, der sich mit seinen blauen Flecken anfühlt, als hätte jemand darauf herumgetrampelt. Nur noch morgens und abends muss ich Tabletten einnehmen und genieße ansonsten die Ruhe, kann spazieren und zwischendurch mal einkaufen gehen und zum Mittagessen immer zu Monis Eltern fahren. Das tut gut: Rauskommen, etwas essen und sich ein wenig unterhalten. Monis Mama gibt sich viel Mühe und kocht hervorragend – und auf das Gewicht achte ich momentan ohnehin nicht. Wenn Moni abends dann nach Hause kommt, sitzen wir gemütlich am Tisch, essen wieder eine Kleinigkeit und reden über alles Mögliche. Zur *Tagesschau* sitze ich dann meistens auf der Couch. Danach ist auch schon die Luft raus und ich werde müde.

Am Mittwoch versuche ich mehrmals Heinz anzurufen, er geht jedoch nicht an sein Handy. Dann eben per SMS: „Hallo Heinz, ich kann dich nicht erreichen. Wie geht es Dir? Gruß." Bis zum Abend hat er nicht reagiert. Muss ich mir Sorgen machen? Geht es ihm nicht gut? Oder will er nur keinen Kontakt mehr mit mir? Kann ja auch sein. Vielleicht ist er auch zu Hause und hat sein Handy nicht im Gebrauch – mal sehen.

Als ich heute meine E-Mails durchgesehen habe, war wieder mal ein lieber Gruß von Frau Dütemeyer dabei. Sie ist eine der wenigen Personen, mit denen ich zur Zeit Kontakt habe. Sie spricht mir immer Mut zu und hält mich über aktuelle Dinge beim „Verein für krebs-kranke Kinder Hannover" auf dem Laufenden, für den ich als Beisitzer des Vorstands tätig bin. Frau Düte-meyer ist die Vorsitzende dieses Vereins und hat auf-grund dessen, aber auch weil ein Familienmitglied schon einmal betroffen war, viel Erfahrung mit Krebs-erkrankungen und Therapien. Und so steht in der heutigen E-Mail: „Prima, dass die Stammzellen jetzt schon mal sicher sind und Sie so step by step vorwärts kommen." Derartige positive Ansprachen helfen mei-ner Psyche.

Mir tun diese Tage richtig gut. Die Nebenwirkungen haben nachgelassen. Ich bekomme keinen Schluckauf mehr und die Schleimhäute sind nicht mehr so ange-schlagen. Salbei hilft anscheinend gut, die Phasen nach der Chemo zu überstehen. Ich habe auch keine erhöhte Temperatur mehr. Nur das Schlafen funktioniert noch nicht gut. Die Phasen, in denen ich nachts wach liege und in denen die Gedanken kreisen, sind nicht schön. Aber nun ist schon Donnerstag und morgen muss ich früh aufstehen. Gleich morgens fährt mich Moni zur Computertomografie in die Klinik.

21. November

Warten, warten, warten. Ich bin das einfach nicht gewöhnt und muss die Geduld erst wieder erlernen. Bei der Anmeldung in der Radiologie geht es noch, da sind es vielleicht fünf Minuten, da nur zwei Patienten vor mir stehen. Und die beiden Damen an der Anmeldung – naja, eilig haben es die beiden jedenfalls nicht. Sie unterhalten sich immer wieder miteinander und sprechen über einen Patienten, wie dumm und ungeschickt er sei. Und sie unterhalten sich über das schlechte Wetter. Ich denke und hoffe mal, dass die Mitarbeiter meiner Firma im Kundenkontakt besser sind.

Endlich bin ich dran und werde mit sichtbar schlechter Laune gefragt, was ich wolle. Ich kann doch auch nichts dafür, dass ich heute zur Computertomografie soll. Die Dame sucht meinen Namen im Computer, findet ihn endlich und legt mir dann ein Formular auf die Theke: „Gehen Sie ins Wartezimmer hier gleich links und füllen Sie das aus. Sie bekommen dann etwas zu trinken und werden aufgerufen." Na also, geht doch, denke ich. „Vielen Dank und auf Wiedersehen", antworte ich überfreundlich und ziehe von dannen.

Im Wartezimmer muss ich wieder eine Viertelstunde warten. Jetzt ist mir der Begriff „Wartezimmer" viel klarer. Das Formular habe ich schon längst ausgefüllt und angegeben, dass ich weder unter Allergien leide, noch rauche und dass ich mit der Computertomografie einverstanden bin. Dann ist endlich eine Dame in weißem Kittel gekommen, hat mir eine große Kanne mit Flüssigkeit und einen Pappbecher gebracht und mich gebeten, die Flüssigkeit in der nächsten Stunde zu trinken. Dann werde man mich aufrufen. Also warte ich wieder und trinke dabei. Ich habe das Kommen und Gehen von Patienten beobachtet und gesehen, dass einige ebenfalls diese große Kanne neben sich hatten

und getrunken haben und dann nach und nach aufgerufen wurden.

Nach etwa einer Stunde wurde ich endlich aufgerufen und im Raum neben dem Wartezimmer fand ein
Beratungsgespräch mit einem Arzt statt, in dem mir der
Vorgang der Computertomografie nochmals erläutert
wurde. Dann wurde eine Nadel gesetzt mit dem Hinweis, dass während der Untersuchung ein Kontrastmittel gespritzt wird. Anschließend ging es über den Flur in
einen Raum mit mehreren PCs auf einem langen Tisch,
vor dem Ärzte sich Bilder der Computertomografie
angesehen, darüber diskutiert und auch Notizen gemacht haben. Ich wurde durch den Raum in das nächste Zimmer geführt, in dem „die Röhre" steht. Nachdem
ich meine Schuhe ausgezogen und die Uhr abgelegt
hatte, wurde ich auf eine schmale Liege gelegt und die
Nadel an einen Schlauch angeschlossen. Ich bekam
einen Druckknopf in die Hand, durch den ich mich
melden sollte, wenn etwas schiefläuft. Dann haben alle
den Raum verlassen. Und nun bin ich in der Röhre
gefangen. Das Ding rattert schon seit einer halben
Stunde und es ist kalt. Plötzlich ertönt eine Stimme
über Lautsprecher: „Wir spritzen jetzt das Kontrastmittel." Ich spüre, wie es in Arm und Körper fließt – ein
seltsames Gefühl. „Die Untersuchung dauert jetzt noch
zwölf Minuten", sagt die Stimme über Lautsprecher.

Die Untersuchung ist vorbei. Jetzt warte ich noch
einmal im Flur, bis einer der Ärzte Zeit findet, die
Nadel zu ziehen. Dann geht es endlich nach Hause. Das
Wochenende steht schon vor der Tür und mir geht es

ganz gut. Vielleicht unternehmen wir etwas. Wenn das Wetter mitspielt und Moni auch Lust hat, könnten wir vielleicht joggen gehen. Eventuell nur eine kleine Runde, aber das wäre wieder etwas, wo ich so tun könnte, als sei ich gesund. Das hilft mir. Die Krankheit bestimmt momentan mein Leben, und das ab und zu zur Seite schieben, sich einigermaßen wohlfühlen und sich auch so verhalten, als sei man gesund, ist wichtig für mich.

Die *Tagesschau* ist vorbei, der Fernseher läuft noch, aber wir achten kaum darauf und unterhalten uns. Das Telefon klingelt. Wer ruft uns denn jetzt noch an, fragen wir uns. Die Nummer auf dem Display kenne ich nicht. Vorsichtig melde ich mich: „Ja, hallo?" „Hier ist Maria, die Frau von Heinz", ertönt es aus dem Hörer. „Hallo Maria, das ist aber schön, dass du dich meldest. Ich habe es bei Heinz schon am Handy probiert, aber er meldet sich nicht und auf meine SMS antwortet er auch nicht. Wie geht es ihm denn?", plaudere ich los. „Ich weiß. Deshalb rufe ich an", antwortet Maria. „Heinz geht es so schlecht, dass er nicht antworten kann. Nachdem du entlassen wurdest, hat er von der Chemo so starke Nebenwirkungen bekommen, dass er nicht einmal mehr sein Handy bedienen konnte." Maria erzählt mir, dass es knapp daran war, dass er auf die Intensivstation hätte verlegt werden müssen. Inzwischen sei jedoch wieder eine leichte Besserung eingetreten. „Maria, ich komme am 25. auch wieder stationär in die Klinik, da werde ich Heinz auf jeden Fall besuchen", sage ich und Maria erwidert, dass Heinz sich riesig darüber freuen würde.

24. November

Das Wochenende war okay. Samstagnachmittag waren wir tatsächlich eine halbe Stunde lang joggen und es hat richtig gut getan. Ganz langsames Tempo und nicht anstrengen, lautete die Devise. Samstagabend gab es Fisch. Ich ernähre mich momentan sehr gesund, allerdings esse ich abends immer Süßigkeiten. Da habe ich so richtig Lust drauf und denke mir, dass ich ja nicht auf alles verzichten muss. Gestern am Sonntag wurde meine Stimmung, je später es wurde, immer schlechter, denn der Montag rückte stetig näher und somit der Termin beim Professor, bei dem es um das Ergebnis der Computertomografie geht, ob die Lymphknoten noch geschwollen sind und wie es mit der Therapie weitergeht.

Moni ist mitgekommen. Wir sitzen im Wartezimmer. Blut wurde mir schon abgenommen. In der vergangenen Nacht lag ich lange wach und habe immer wieder das nun anstehende Gespräch mit dem Professor in meiner Fantasie durchgespielt. Da in der Therapie bisher alles größtenteils so gut gelaufen ist und ich auch keine Knoten mehr tasten kann, bin ich mir sehr sicher, dass der Professor heute positive Nachrichten für mich hat, dass die Computertomografie dies bestätigt und demnach kein dritter Zyklus absolviert werden muss. Dann könnte ich morgen schon für die Stammzelltherapie stationär aufgenommen werden.

Auf dem Flur sind Schritte zu hören und der Professor erscheint. „Kommen Sie doch bitte mit", sagt er und wir gehen in das Behandlungszimmer. Nach der obligatorischen Frage, wie es mir geht, und meiner Antwort, dass ich mich ganz gut fühle, legt der Professor los: „Ich habe gute Nachrichten für Sie. Das Blutbild ist in Ordnung, die Leukozyten liegen im Normbereich, die Thrombozyten mit 109.000 zwar unterhalb des Normbereichs, aber das ist nicht bedenklich und bei diesem Wert muss noch nicht eingegriffen werden. Die Stammzellabgabe hat auch ohne Komplikationen geklappt und die Computertomografie zeigt keine Auffälligkeiten. Es sind keine Knoten mehr zu sehen. Es ist wirklich rein gar nichts mehr zu sehen." Ich bin in Hochstimmung und nehme Augenkontakt zu Moni auf, die neben mir sitzt. Sie lächelt. Der Professor wird uns als nächstes bestimmt sagen, dass damit kein dritter Zyklus mehr erforderlich sei und nun der nächste Schritt der Therapie, die Hochdosis-Chemo und die Stammzelltransplantation, begonnen werden könne.

Der Professor fährt fort: „Das ist schon alles sehr positiv, trotzdem werden wir noch einen dritten Zyklus machen." – Pause. Ich schließe kurz die Augen und vergewissere mich, ob ich eben richtig gehört habe. Auch Moni ist ganz perplex. Das passt doch nicht zusammen: Alle Werte sind positiv, offenbar liegen keine Befunde vor und dennoch verordnet er mir einen dritten Zyklus? Noch einmal mehrere Tage Chemo,

wieder mit all den bekannten Risiken und Nebenwirkungen? Und anschließend abermals drei Wochen
Pause, damit sich der Körper erholt. Dann ist schon
Weihnachten. Nein, das kann nicht sein. Ich bin mir
sicher, irgendetwas falsch verstanden zu haben, doch
der Professor erläutert mir bereits die Gründe: „Wir
setzen einen dritten Zyklus an. Es gibt keinen wissenschaftlich fundierten Nachweis, dass zwei Zyklen aus-
reichen und auch keinen Nachweis, dass ein dritter
Zyklus notwendig oder besser ist. Trotzdem empfehle
ich unbedingt, einen dritten Zyklus Chemotherapie
durchzuführen." Ich habe also doch richtig verstanden
und bin zutiefst enttäuscht. Anscheinend geht es Moni
auch so. Sie argumentiert gegenüber Herrn Professor
Pegel sehr sachlich: „Chemotherapie belastet den Körper doch sehr, und wenn jetzt noch ein dritter Zyklus
kommt, ist der Körper doch stärker geschwächt als bei
zwei Zyklen. Und die Hochdosis-Chemo und Stammzelltransplantation ist ja noch mal und wahrscheinlich
noch stärker belastend. Wenn jetzt nichts mehr zu
sehen ist von den Knoten, wäre es dann nicht besser,
nach dem zweiten Zyklus schon die Stammzellen zu
transplantieren?" Professor Pegel bestätigt dies zwar mit
dem Satz: „Ja, das mag wohl schon so sein", er ändert
jedoch seinen Hinweis nicht und wiederholt noch
einmal in aller Klarheit: „Wir sollten in der Therapie
jetzt unbedingt einen dritten Zyklus anschließen."

Peng! Aus Hochstimmung, Hoffnung und Zuversicht
stürzte ich innerhalb von Sekunden in Enttäuschung,
Frust, Traurigkeit, Ängste und Zweifel. Ich war mir so

148

sicher, dass die Therapie mit zwei Zyklen Chemotherapie klappt und ich nach vier bis fünf Monaten fertig bin und wieder arbeiten kann. Zumindest heute Morgen war das so. Dieses Auf und Ab kann einen verrückt machen. Klar, sicher gibt es zwischendurch auch Momente, in denen ich darüber nachdenke, ob ich es überhaupt schaffe und ob ich am Leben bleibe oder mich die Krankheit doch noch besiegt. Überwiegend bin und war ich jedoch immer positiv gestimmt und zuversichtlich, vor allem in den letzten Tagen, da es mir verhältnismäßig gut ging, die Stammzellabgabe so gut geklappt hat und jetzt eben auch nach Auswertung der Computertomografie keine Knoten mehr zu erkennen waren – und jetzt das!

Doch es nützt alles nichts. Wenn der Professor so eindringlich und nachdrücklich den dritten Zyklus empfiehlt, dann muss es so sein. „Bedeutet dies, dass ich morgen wieder stationär aufgenommen werde und dann nochmals dieselbe Prozedur erfolgt, wie beim letzten Mal – also Antikörper und dann Chemo?“, frage ich nach. „Ja genau“, antwortet Professor Pegel. „Und wir hatten ja beim zweiten Mal die Chemo verändert und belassen es dabei, da Sie diese besser vertragen haben.“ „Bedeutet das auch Herr Professor“, frage ich nach, „dass dann wieder drei Wochen pausiert wird, bevor die Hochdosis-Chemo beginnt?“ „Ja, wir kommen dann zwar in die Weihnachtszeit, aber wir arbeiten hier ja durchgehend. Nur wenn das für Sie ein Problem ist, müssten wir die Therapie etwas nach hinten verschieben, was aber nicht gut wäre“, lautet seine Antwort. „Nein, nein um Gottes Willen! Ich möchte die Therapie genau so und auch so schnell, wie es geht und möglich ist, durchführen lassen. Da will und kann ich keine Rücksicht auf Weihnachten nehmen", erkläre ich ganz spontan.

So, wie ich keine Lust hatte, meinen 60. Geburtstag zu feiern, so wenig habe ich Lust, das Weihnachtsfest zu feiern. Ich denke, das geht gar nicht, wenn der Krankenhausaufenthalt mit Chemotherapie vor einem liegt. Da ist der Kopf bestimmt nicht frei und dann kann es sein, dass man für sein Umfeld auch nur belastend ist. Deshalb ist es mir wichtig, jetzt alles andere wegzuschieben und in der optimalen Abfolge des Therapieplans zu bleiben.

Nach ein wenig Austausch und Small Talk mit Professor Pegel haben sich Moni und ich verabschiedet und sitzen jetzt mit unserem Frust über den weiteren Verlauf im Auto auf dem Weg nach Hause. Es ist schon früher Nachmittag. Wir wollen noch einige Kleinigkeiten einkaufen, dann gilt es noch die Tasche zu packen für das Krankenhaus. Und morgen früh geht dieser Mist dann wieder los, denke ich, sage es jedoch nicht laut.

V. Ab dem dritten Zyklus

Das gibt es doch nicht: Ich bin wieder im gleichen Zimmer und Heinz ist auch da. Das Aufnahmeritual habe ich gut hinter mich gebracht. Inzwischen bin ich ja Profi und weiß, wo ich hin muss und wie es am schnellsten geht. Gewogen wurde ich schon und die Angaben, die jedes Mal bei Aufnahme auf der Station gemacht werden müssen, habe ich ebenfalls gemacht. Das Essen für morgen ist schon bestellt. Eine Nadel ist bereits gelegt und die Blutabnahme erfolgt. Es gab für mich eine positive Überraschung: Der Halskatheter wird diesmal nicht gelegt. Die Infusionen gibt es über den Arm. Dies ist erleichternd, da es doch jedes Mal ein unangenehmes Gefühl ist, wenn ein etwa fünfzehn Zentimeter langes Röhrchen in den Hals geschoben wird. Und da ich immer mein Einverständnis schriftlich erklären muss, weiß ich, dass dieser Eingriff nicht ohne Risiko ist. Andererseits werde ich jetzt die vier Tage hier den Arm nicht richtig bewegen können. Ein Arzt sagte mir schon mal, dass das ganze Zeug über den Venenkatheter am Hals besser läuft, als durch die Kanüle im Arm und sich nicht so schnell zusetzt oder verklebt. Wir werden sehen.

Aber dass ich wieder in Zimmer 68 bin, also im gleichen Zimmer, wie beim zweiten Zyklus, und dass Heinz dazu noch im Zimmer ist, freut mich ungemein. Allmählich werde ich hier noch richtig heimisch. Allerdings hat sich Heinz stark verändert. Er hat inzwischen alle Haare verloren und sehr stark abgenommen. Seine Stimme ist nicht mehr kräftig, sondern leise und er spricht langsamer als beim letzten Mal, als er sagt: „Dass du wieder da bist, ist herrlich. Ich freue mich riesig, dass wir wieder zusammen in einem Zimmer sind. Jetzt geht es mir gleich etwas besser, wenn ich weiß, dass du da bist und wir wieder über alles Mögliche sprechen und natürlich über Fußball diskutieren können." Ich weiß, dass er es ehrlich meint, aber ich bin schon erschrocken. Ich wusste ja vom Telefonat mit seiner Frau, dass es ihm zwischenzeitlich nicht gut ging und er alle Nebenwirkungen, die man so kriegen kann, auch tatsächlich bekommen hat. Da war von Lungenentzündung über Nierenprobleme mit Blasenkatheter, Hautproblemen und hohem Fieber alles dabei. Dass es aber einen Menschen innerhalb von drei Wochen auch vom Aussehen so stark verändert, überrascht mich sehr. Natürlich lasse ich Heinz davon nichts spüren – im Gegenteil: Ich teile ihm mit, wie sehr ich mich ebenfalls über das Wiedersehen freue und sage: „Ab jetzt geht es nur noch aufwärts mit uns beiden." So richtig nimmt Heinz mir das jedoch nicht ab.

Ich richte mich ein, was ja nicht schwerfällt. Ich kenne mich hier inzwischen gut aus. Das Einzige, worüber ich meckern könnte, ist das alte Bett, das mir ins Zimmer geschoben wird. Angeblich steht kein anderes mehr zur Verfügung. Das Bett ist wunderschön olivgrün lackiert und ausschließlich mechanisch zu bedienen.

Körperlich eingeschränkt darf man nicht sein, sonst gäbe es Probleme beim Höherstellen des Kopf- oder Fußteils. Ich komme schon kaum zurecht, da das Ding auch noch klemmt. Zack – mit etwas Gewalt geht es doch. Ich kann ja nicht laufend der Schwester klingeln, wenn ich das Bett verstellt haben will.

Noch eine alte Bekannte ist da: Schwester Son kommt, um die ersten Infusionen anzuhängen. „So, auch wiedel da!", begrüßt sie mich. „Da fleud sich ihl Nachbal abel. Hat schon auf Sie gewaltet", plaudert sie weiter. „Und fül Sie habe ich schon Infusion dabei. – Oh, haben gal kein ZVK! Gut, schließen wil also hiel an Ahm an." Laut Plan bekomme ich diesmal Rituximab, Carboplatin, Hochdosis-Cytarabin und Dexamethason, also den gleichen Cocktail wie beim zweiten Zyklus.

Die Assistenzärztin schließt das Rituximab an. Es ist Dienstagmittag. Mein Ziel ist, den dritten Zyklus wieder schnell durchzuziehen, damit ich Freitag nach Hause kann und nicht über das Wochenende in der Klinik bleiben muss. „Bei Ihnen hat die Zwischenstaging-Untersuchung nach den ersten beiden Zyklen ja eine vollständige Remission gezeigt. Das ist super!", sagt Frau Dr. Scheibler, die Assistenzärztin. „Ja, aber Prof. Pegel meinte, dass zur Sicherung der Remission ein dritter Zyklus durchgeführt werden soll." Sie bestätigt mir: „Das ist sinnvoll. Und dann kommt anschließend die Hochdosis-Chemo und die Stammzelltransplantation." Inzwischen ist die Infusion angeschlossen, läuft aber nicht richtig. Anscheinend hat das mit der Nadel im Arm zu tun. Frau Doktor rüttelt etwas an der Nadel und dann läuft die Infusion in der richtigen Geschwindigkeit. Durch die vielen Blutabnahmen und das Stechen in die linke Armbeuge wird es immer schwieriger, dort eine Nadel zu setzen und die Vene richtig anzustechen. Aber jetzt scheint es zu funktionieren.

26. November

Der gestrige Tag ist durch die Gespräche mit Heinz sehr kurzweilig gewesen. Wir haben uns viel erzählt und es auch geschafft, über unsere Blödeleien zu lachen. Was würden da Beobachter denken, wenn zwei mit Chemo vollgepumpte Männer mit Glatze im Bett liegend laut und herzhaft lachen? Zwischen Heinz und mir entsteht so etwas wie eine Freundschaft. An die Krankenhausrituale habe ich mich inzwischen gewöhnt und es geht mir den Umständen entsprechend ganz gut. Das ist jetzt meine Welt. Ich habe mich damit abgefunden und komme gut zurecht.

Wir sind hier im Zimmer für jede Abwechslung dankbar und heute Vormittag gibt es dazu eine überraschende Ankündigung. Prof. Kellner ist da und fragt Heinz: „Wir haben einen Prüfling im Zweiten Staatsexamen und würden morgen gern die Praxisprüfung mit Ihnen durchführen." Heinz fragt gleich nach: „Wie soll das denn ablaufen?" „Der Prüfling kommt zu Ihnen ans Bett und hat sich im Vorfeld bereits mit Ihrer Krankenakte beschäftigt. Er wird Ihnen noch einige Fragen stellen und Sie sollten diese wahrheitsgemäß beantworten. Dann werden vier Professoren dem Prüfling Fragen stellen, die er beantworten muss. Also kurz gesagt: Ihre Rolle ist einfach nur die eines Patienten." Heinz sagt zu und so haben wir morgen das große Glück, der mündlichen Prüfung eines Studenten zum Zweiten Staatsexamen beizuwohnen. Ich bin richtig neugierig und freue mich sehr. Heinz ist ein wenig aufgeregt, da er eine aktive Rolle dabei spielt. „Hoffentlich vermassele ich dem Prüfling nicht alles", meint er.

Das Anhängen der Infusionen verläuft routinemäßig und ich bin ganz gut im Zeitplan. Lediglich die Nadel im rechten Arm macht mir Sorgen. Immer wieder läuft die Infusion nicht richtig oder stoppt. Ich musste schon mehrmals der Schwester klingeln, die das dann durch Rütteln der Nadel im Arm wieder zum Laufen bringt. Wenn ich den Arm ruhig halte und auf der linken Seite des Bettes leicht nach unten hängen lasse, geht es noch am besten. Aber das ist anstrengend und unangenehm und das geht ja nicht noch zwei Tage lang so. Wenn die Schwester das nächste Mal kommt, spreche ich mit ihr darüber.

Seit der Visite ist Heinz in einem psychischen Tief. Er hat die Nachricht erhalten, dass aufgrund seiner Blutwerte jetzt nochmals eine Chemo durchgeführt wird und diese bald beginnen muss. Dabei hatte er sich so sehr darauf gefreut, zunächst einmal zu Hause eine Erholungsphase einzulegen. Wir sprechen nur kurz darüber, da ich nicht das Gefühl habe, ihn jetzt trösten zu können. Ich verstehe, dass er richtig Angst hat, dass die Chemo bei ihm wieder derart massive Nebenwirkungen auslöst, wie beim letzten Mal. Heute Nachmittag kommt seine Frau, was ihn sicher etwas ablenken wird.

Ablenkung gibt es jetzt auch schon: Die Klinikclowns sind wieder da. Wir machen Blödsinn mit den beiden und Hans kann schon wieder mitlachen. Wir stellen fest, dass wir alle zusammen sehr gern Musik hören. Und Frau Clown fragt: „Soll ich euch etwas singen?" „Ja, klar!", kommt es wie aus einem Mund. „Was wollt ihr von mir hören?", fragt sie. Und ganz spontan sagt Heinz: „Ein Lied von der Biermösl Blosn. Kennst du die?" „Natürlich", antwortet sie, stellt sich in die Mitte des Krankenzimmers und singt laut und voller Inbrunst: „Wos is heit für a dog?" Ich kenne das Lied, da wir die CD *Sepp, Depp, Hennadreck*, von der das Lied stammt, zu Hause haben. „Wos is heit für a Dog? Heit is Dienschtog. Heit is Nudeltog!", schallt es durch das Krankenhauszimmer. Super, die Chemo läuft bei mir und Hans ist nicht gut drauf, aber wir lachen und singen mit. Anschließend bekommt sie einen großen Applaus von uns.

27. November

Es ist 7.30 Uhr und noch dunkel. Ich war schon im Bad und habe mich frisch gemacht. Kommenden Sonntag ist schon der Erste Advent. Seit Mitte September bin ich nun mit meiner Krankheit und der Therapie beschäftigt. Die vielen geschäftlichen vorweihnachtlichen Termine kann ich in diesem Jahr nicht wahrnehmen. Zu dieser Zeit findet immer einiges statt: zwei

Tage lang Verbandssitzungen in Berlin, ein Wochenende Berlin zur Scheckübergabe bei „Ein Herz für Kinder", verschiedene weitere Weihnachtsveranstaltungen irgendwo in Deutschland, interne Sitzungen zur Vorbereitung auf das neue Jahr und zwei Tage Sitzung mit unserem Verwaltungsrat. Es ist nun das erste Mal seit sechzehn Jahren, dass ich an einer Verwaltungsratssitzung nicht teilnehme. Zudem ist diese Sitzung auch deshalb für mich sehr wichtig, da mein Nachfolger im Amt des Vorstandes gewählt wird und damit endgültig klar ist, dass Mitte nächsten Jahres Schluss für mich ist. Wenn es mir gelingt, die Therapie gesund hinter mich zu bringen, möchte ich meine Arbeit unbedingt ordentlich bis zu diesem Zeitpunkt zu Ende führen.

Deshalb soll es möglichst zügig vorangehen. Bisher hat der dritte Zyklus gut funktioniert. Ich bin im Zeitplan und kann morgen hoffentlich wieder nach Hause. Gestern Abend habe ich die Schwester noch angesprochen, dass die Infusionen nicht richtig laufen und heute Nacht musste auch die Nachtschwester an meinem Arm mehrmals nachhelfen, bis es wieder richtig lief. Der Arzt, der heute Morgen Blut abgenommen hat, hat endlich die Nadel gezogen und im rechten Arm eine neue Nadel gesetzt. Jetzt läuft alles wesentlich besser. Allerdings sind die Bewegungseinschränkungen dadurch gravierender, da ich Rechtshänder bin.

Um vierzehn Uhr steigt die Spannung. Nun erlebe ich doch tatsächlich ein Zweites Staatsexamen. Vor der Tür ist bereits Stimmengemurmel zu hören und nun klopft es. Ich habe meine Bettdecke ordentlich zurecht-

gezupft und werde mich ganz still verhalten, nur zuhören und beobachten. Heinz ist als „Opfer" unseres
Prüflings tatsächlich etwas aufgeregt. Vier stattliche
ehrenwerte Herren betreten mit ernsten Mienen unser
Zimmer. Mit etwas Abstand folgt ihnen ein junger
Mann. Alle tragen weiße Kittel. Sie stehen jetzt alle um
das Bett von Heinz herum. Der junge Mann stellt sich
seitlich zu ihm ans Bett und stellt sich als Prüfling vor.
Die anderen Herren stellen sich ebenfalls vor. Es handelt sich um den uns bekannten Prof. Kellner, einen
Onkologen also, des Weiteren um einen Professor vom
Unfallkrankenhaus Grainau, einen Chirurgen, um
einen Professor für Zahnheilkunde und einen Herzspe-
zialisten. Prof. Kellner bittet den Prüfling eine kurze
Anamnese des Patienten vorzutragen und erklärt weiter: „Anschließend werden wir Ihnen verschiedene
Fragen stellen. Das Ganze wird etwa eine Stunde dauern." Oh, denke ich, das dauert ganz schön lange für
eine mündliche Prüfung. Und dann geht es auch schon
los. Nach meinem Gefühl gibt der Prüfling eine gute
zielgerichtete Anamnese zu Heinz' Erkrankung ab.
Anschließend fragt Prof. Kellner zu einigen Punkten
nochmals nach. Es sind Fragen zur Therapie von Hans,
also aus dem onkologischen Bereich. Und dann fragen
die anderen drei: „Worauf sind die trockenen Schleimhäute des Patienten zurückzuführen? Wie ist der
Zahnstatus? Gibt es da Zusammenhänge mit seiner
Erkrankung? Was wurden beim Patienten unregelmä
ßige Herzschläge bedeuten?" Und so geht es immer
weiter, kreuz und quer durch die Medizin. Der Prüfling

beantwortet alle Fragen ausführlich und, soweit ich das beurteilen kann, fachlich genau. Nur einmal stockt er etwas, findet dann jedoch schnell wieder zum Thema zurück. Alles verstehe ich wegen der vielen Fachbegriffe allerdings nicht.

Über eine Stunde lang quetschen die Professoren den Prüfling aus, der immer souverän bleibt. „Vielen herzlichen Dank für Ihre Hilfe", bedanken sich alle bei Heinz und verlassen dann unter Stimmengemurmel unser Zimmer. „War ich gut?", fragt Heinz. „Du warst für den Prüfling der beste Patient, den er sich wünschen konnte", antworte ich. Wir tauschen uns über die Prüfung aus und sind beide der Ansicht, dass der Prüfling gut war und bestimmt bestanden hat.

Das Abendessen war wieder mal nicht berauschend. Heinz und ich meckern wieder darüber, dass Brot und Wurst kalt sind. Inzwischen sind wir uns sicher, dass dieses Essen schon den ganzen Tag in der Kühlung stand. Für mich sind die vergangenen Tage ohne Komplikationen abgelaufen. Die Gespräche mit Heinz waren spannend und sehr vertrauensvoll, die Klinikclowns haben Spaß in unser Zimmer gebracht und das Miterleben einer mündlichen Prüfung des Zweiten Staatsexamens war hochinteressant. Der Prüfling kam vorhin noch einmal vorbei, hat sich bedankt und Heinz eine Tafel Schokolade geschenkt. Alle Achtung, der hat Stil und weiß, was sich gehört. Er hat berichtet, dass er bestanden hat und wir denken, das wird ein Arzt, der es gut versteht, mit Patienten umzugehen.

Ich spüre die vielen Medikamente und merke, wie ich körperlich schwächer werde. Die sonstigen Nebenwirkungen, wie den Schluckauf, habe ich mit allen möglichen Salbeimitteln inzwischen vermeintlich ganz gut im Griff. Eine Nacht liegt noch vor mir. Ich lasse mir beim Abendrundgang der Schwester, bei dem wieder nach dem Stuhlgang gefragt wird, Blutdruck und Temperatur gemessen werden sowie eine Thrombosespritze in den Bauch gegeben wird, noch eine Schlaftablette geben. Ich bin zwar kein Freund solcher Pillen, aber dann finde ich ab Mitternacht doch noch drei bis vier Stunden Schlaf. Morgen, am Freitag, gibt's dann noch die letzte Chemo sowie Entwässerung und Spülung. Dann sollte ich es schaffen, gegen Mittag hier rauszukommen.

28. November

Trotz meiner körperlichen Schwäche ist es ein gutes Gefühl, wieder zu Hause zu sein. Es ist so gelaufen, wie ich mir das vorgestellt habe. Heute Morgen bekam ich noch die letzte Chemo des dritten Zyklus, dann folgten Spülung, Entwässerung, Arztgespräch und Entgegennahme des Entlassungsberichts. Mein Abschied von Heinz war sehr emotional. Wir wünschten einander das Beste, ergänzt durch das Versprechen, in Verbindung zu bleiben.

Beim Arztgespräch hat mir Frau Dr. Scheibler nochmals bestätigt, dass ich die Maßnahmen in den letzten Tagen gut vertragen habe. Zur Stimulation der Leukozytenbildung hat sie mir beim Abschlussgespräch noch sechs Milligramm Pegfilmgastrin gespritzt. Außerdem haben wir die weiteren Termine der Therapie besprochen, besser gesagt, die Termine wurden mir vorgegeben: Am 8. und 9. Dezember soll ich in das Tumortherapiezentrum kommen und werde von dort dann weitergeleitet zu verschiedenen Check-up-Untersuchungen, die vor der Hochdosis-Chemo und Stammzellgabe erforderlich sind: Echokardiogramm, Lungenfunktionstest, HNO-Untersuchung und Zahnstatus-Untersuchung sind an diesen beiden Tagen geplant. Und natürlich weist sie mich wieder darauf hin, dass ich bei Problemen, vor allem bei Fieber, in die Notfallaufnahme kommen muss und dass ich zweimal pro Woche das Blutbild machen lassen soll. Wenn alles gut läuft und keine Infektion dazwischenkommt, soll ich mich am 15. Dezember um 9.30 Uhr wieder in der Station einfinden, und zwar, wie es im Fachjargon heißt, zur Hochdosistherapie nach R-BEAM-Schema mit anschließender autologer PBSCT. Die Formulare zur „Einwilligung eines Patienten zur autologen Stammzelltransplantation" hat sie mir mitgegeben, damit ich sie in Ruhe durchlesen kann.

Das Telefon klingelt. „Hallo Papa, hier ist Stefan", meldet sich mein Sohn. „Ich bin auf dem Weg von Hannover nach München. Ich bin mit dem ICE unterwegs, der um siebzehn Uhr ankommt. Dann würde ich schnell in meinem Hotel in Schwabing einchecken und anschließend mit der S-Bahn zu dir kommen." Das ist vielleicht eine Überraschung. Ich freue mich riesig und antworte: „Das ist ja super. Ich kann dich leider nicht abholen, da ich bis heute in der Klinik war und nicht so fit bin." „Macht nichts, ich komme schon zurecht", sagt Stefan. Jetzt erinnere ich mich auch wieder: Vor einigen Wochen hat Stefan schon einmal bei einem Telefonat erwähnt, dass er an der Uni München einen Termin zu einer Präsentation hat und mich bei dieser Gelegenheit gern besuchen würde. Da wusste ich aber noch nicht genau, ob ich zu dieser Zeit nicht in der Klinik bin, wo ich keinen Besuch empfangen wollte. Ich bin nun mal auf einer Station, wo wegen Ansteckungsgefahr größte Vorsicht in Bezug auf Viren und Keime waltet. Alle Besucher im Zimmer, einschließlich der Ärzte und Schwestern, müssen Mundschutz tragen und vor der Tür die Hände desinfizieren. Außerdem sollen Besucher Abstand halten und die Patienten nicht berühren. Aber nun bin ich ja seit heute Mittag zu Hause, und dass ich Stefan nach fast drei Monaten wieder einmal sehen kann, ist einfach nur schön. Wir telefonieren und simsen zwar oft, aber sich in die Augen blicken zu können, ist doch etwas anderes.

Moni war noch einkaufen, wollte „die beiden Männer" dann aber allein lassen und ist ins Kino gegangen. Es klingelt. Stefan ist da. Wir umarmen uns nicht, da ich möglichst keinen Kontakt mit Menschen haben soll und Stefan vor Kurzem eine Erkältung hatte. Er beäugt mich von oben bis unten und fragt gleich, ob ich nicht den Mundschutz tragen muss, der neben uns auf dem Garderobenschrank liegt. „Nein, ich trage den Mundschutz nur manchmal, wenn ich rausgehe", beruhige ich ihn. Natürlich habe ich mich verändert. Meine Haare sind kurz und dünn und überhaupt sieht man mir an, dass ich Chemotherapie und Cortison bekomme. Vielleicht ist er etwas erschrocken, als er mich so sieht, sagt aber nichts dazu. Wir nützen die Zeit und reden und erzählen. Ich berichte ein wenig von der Therapie und Stefan erzählt, was er momentan alles so macht. Auf dem Tisch steht das Essen, sodass wir nebenbei zugreifen können. Es gibt Leberkäse, süßen Senf und Brezen.

Die Zeit ist wie im Fluge vergangen. Es ist 21.30 Uhr und Stefan will wieder los. Er muss heute noch etwas für sein Referat morgen vorbereiten. Und ich kämpfe schon sehr gegen die Müdigkeit. Es ist eben doch nicht alles normal bei mir, immerhin habe ich heute Morgen noch Chemo bekommen und war bis zum Mittag in der Klinik. Ich rufe ein Taxi und wir verabschieden uns. Stefan wünscht mir viel Glück für die weitere Therapie und spricht mir Mut zu: „Du schaffst das schon. Du hast schon so viel hingekriegt, dann das jetzt auch noch." Wir haben beide eine kleine Träne im Augenwinkel, überspielen das aber, so wie Männer das eben machen.

29. November

Ich trinke meinen Salbeitee, lutsche Salbeibonbons und putze die Zähne mit Salbei-Zahnpasta. Außerdem kaue ich tagsüber ständig Salbeiblätter und bilde mir ein, dadurch diese Mundtrockenheit nach der Chemo viel besser im Griff zu haben. Das viele Trinken klappt ebenfalls recht gut, auch wenn ich dadurch laufend zur Toilette muss. Es gab jedoch die ganze Zeit über keine Probleme mit den Nieren mehr.

Samstagnachmittag treten diese Dinge in den Hintergrund. Da gibt es anderthalb Stunden, in denen ich etwas abschalten kann: Fußball-Bundesliga auf Sky. Heute spielen Hoffenheim gegen Hannover und Hertha gegen die Bayern. Ich schalte zwischen den Spielen hin und her und ärgere mich sogleich: In der 19. Minute liegt Hannover bereits 1 : 0 zurück. Ich schalte wieder um zu den Bayern. Ja, hier sieht es schon besser aus: 27. Minute und Robben bringt die Führung für die Bayern. Das ist sehr gut, vor allem, da ich vergangenen Dienstag in der Klinik zusammen mit Heinz eine Niederlage der Bayern in der Champions League gegen Manchester bedauern musste. Vor der Halbzeit schalte ich dann nochmals um zum Spiel von Hannover und siehe da, hier steht es bereits 2 : 0 für Hoffenheim. Doch jetzt schießt Hannover in der 43. Minute das Anschlusstor – super!

Am Ende verliert Hannover mit 4 : 3 und die Bayern gewinnen 1 : 0. Für mich aber war am wichtigsten, diese Zeit über einmal nicht an die Krankheit gedacht zu haben. Nach dem Abendessen gehe ich gleich wieder den Mund mit einem Salbeimittel ausspülen und muss daran denken, immer viel zu trinken. Heute war ich tagsüber etwas nachlässig. Dann gilt es eben am Abend noch mehr zu trinken. Am morgigen Sonntag werde ich mir die Einwilligungserklärung für die Stammzelltransplantation durchlesen und unterschreiben.

30. November

Es ist kalt geworden und seit einer Woche schon ist keine Sonne zu sehen. Zum Frühstück haben wir auf dem Adventskranz die erste Kerze angezündet. Ich bin jedoch nicht in Adventsstimmung und so, wie es aussieht, wird Weihnachten für uns in diesem Jahr wohl ausfallen. „Moni, ich möchte aufgrund der Situation einfach so tun, als gäbe es gar kein Weihnachten", sage ich und werde sofort bestätigt: „Das ist mir auch lieber. Ich habe keinen Nerv, Weihnachten zu feiern und bin ebenfalls überhaupt nicht in Advents- oder Weihnachtsstimmung." Als gläubiger Mensch bete ich jeden Tag in aller Stille für mich, mache das in der jetzigen Situation sogar noch intensiver und werde das auch Weihnachten tun. Aber die Weihnachtsrituale, einschließlich der Weihnachtsgans – nein danke. Ich bin froh, dass Moni ebenfalls so denkt.

„Auch wenn es sehr kalt ist, wollen wir heute Nachmittag eine kleine Runde spazieren gehen?", frage ich Moni. „Sehr gerne, das wird uns gut tun", sagt sie. „Ich werde mich zuvor noch mit den Formularen beschäftigen, und die Einwilligung zur Therapie muss ich noch unterschreiben", wechsle ich das Thema. Das Formblatt „Einwilligung eines Patienten zur autologen Blutstammzelltransplantation" umfasst fünf DIN-A4-Seiten. Zunächst wird darauf hingewiesen, dass vor einer

Hochdosistherapie die Durchführung mehrerer konventioneller Chemotherapien erforderlich ist. Diese tragen dazu bei, die bösartigen Zellen zurückzudrängen. Nach Abschluss dieser Vortherapie wird durch bildgebende Diagnostik eine Bestandsaufnahme gemacht. Beides ist bei mir bereits erfolgt. Mir wird klar, dass ich bis heute doch schon einiges geschafft habe – naja, ist auch schon eine lange Zeit jetzt, dass die Therapie läuft. Weiter wird im Formular darauf hingewiesen, dass verschiedene Blutabnahmen, Tests und Vorstellungen bei Kollegen anderer Fachbereiche (HNO, Zahnarzt, Lungenfacharzt, Herzspezialist) erfolgen müssen, um sicherzustellen, dass die geplante hohe Dosierung möglichst keine bleibenden Organschäden verursacht. Die Termine dafür habe ich ja schon. Am 8. und 9. Dezember soll das alles stattfinden.

Als Nächstes folgen im Formular Ausführungen zur Hochdosistherapie. Ich lese, dass eine Kombination verschiedener zytostatischer Medikamente in sehr hoher Dosierung gegeben werden und es dazu erforderlich ist, einen ZVK (Halskatheter) zu legen. Den kenne ich ja schon vom ersten und zweiten Zyklus. Weiter geht es mit dem Satz im Formular, dass im Allgemeinen während und nach der Hochdosistherapie mit den akuten Nebenwirkungen Übelkeit und Erbrechen zu rechnen ist. In den nachfolgenden Tagen können Entzündungen der Schleimhäute im Mund, im Rachenraum und im Darm auftreten. Dies soll sehr schmerzhaft sein. Leider gibt es keine Möglichkeit, diese Nebenwirkungen zu vermeiden, heißt es weiter. Na toll, dann ist ja das, was ich bisher mitgemacht habe, bei Weitem nicht so schlimm gewesen, wie das, was jetzt noch kommen wird. Beim Lesen wird mir schon heiß und der Schweiß läuft mir über den Rücken. Dass jetzt noch auf den Haarausfall hingewiesen wird, ist mir egal, da ich ja fast keine Haare mehr habe.

Die gravierendste Nebenwirkung sei jedoch die Unterdrückung der Blutbildung im Knochenmark. Es kommt zu einem „Stopp" in der Nachbildung aller Zellen. Dadurch sinkt die Zahl der weißen Blutkörperchen (Leukozyten), der roten Blutkörperchen (Erythrozyten) und der Blutplättchen (Thrombozyten). Die daraus resultierende Nebenwirkung ist eine herabgesetzte Infektabwehr, sodass es zu viralen, bakteriellen oder Pilzinfektionen kommen kann. Wichtig sei hier die frühe Erkennung. Trotzdem kann es zu schweren lebensbedrohenden Infektionen kommen. Zur Beruhigung steht da noch, dass tödliche Verläufe bei weniger als einem Prozent der Patienten vorkommen.

Bevor ich weiterlese, spreche ich mit Moni darüber, die völlig schockiert ist, was da noch alles auf uns zukommt. Dann lese ich weiter, dass bei den weißen Blutkörperchen gewartet werden muss, bis sie nachgewachsen sind. Bis dahin muss der Patient vor von „außen" kommenden Infektionen geschützt werden und erhält schon während der Hochdosistherapie Medikamente, die dazu dienen, Pilze und Bakterien, die im Magen-Darm-Trakt vorkommen, zu vermindern. In der Phase jener verringerten Leukozytenanzahl soll die Station nicht verlassen werden. Die Nebenwirkungen bei verminderter Anzahl roter Blutkörperchen sind Müdigkeit, Schwäche und Kopfschmerzen sowie eine erhöhte Herzschlaggeschwindigkeit. Nach der Hochdosistherapie sei es deshalb üblicherweise notwendig, Blutkonserven zu übertragen, damit diese Nebenwirkungen eingedämmt werden oder verschwinden. Die Nebenwirkung einer verminderten Anzahl von Blutplättchen zieht eine erhöhte Gefahr von Blutungen nach sich. Lebensgefährlich sei dies, sobald eine Blutung unstillbar ist oder ein inneres Organ betroffen ist. Zur Beruhigung steht hier wieder, dass täglich gemessen wird und bei Unterschreitung einer bestimmten Grenze von einem Spender Thrombozyten übertragen werden. Ich erinnere mich, dass ich mit diesem Thema schon einmal zu tun hatte, als ich in der Notfallaufnahme war. Auch da habe ich eine Thrombozyten-Infusion erhalten, da die Werte so niedrig waren.

Über die Stammzelltransplantation wird im Formular ausgeführt, dass diese ein bis drei Tage nach der Hochdosistherapie erfolgt. Die abgegebenen Zellen werden aufgetaut und intravenös verabreicht. Dann steht da wieder etwas über Nebenwirkungen, aber ich will jetzt nicht mehr weiterlesen. All das kommt schließlich ohnehin auf mich zu. Minuten später kann ich es doch nicht lassen und lese am Ende des Einwilligungspapiers, dass der Anstieg der Leukozyten etwa neun bis elf Tage nach der Transplantation erfolgt. Um dies zu unterstützen, werden wieder Neupogen-Spritzen gegeben. Diese und ihre Wirkung kenne ich ja schon zur Genüge. Hier heißt es noch, dass die Erholungsphase nach einer Hochdosistherapie und autologer Stammzelltherapie, in der mit einer verminderten Leistungsfähigkeit gerechnet werden muss, ungefähr drei Monate dauert. Spezielle Formen von Lungenentzündung und Gürtelrose können auch nach dem stationären Aufenthalt noch auftreten.

Na toll. Das also steht mir zu Weihnachten bevor. Wenn ich am 15. Dezember wieder in die Klinik gehe und dann diese Hochdosis-Chemo bekomme, dann ein bis drei Tage pausiere, dann bekomme ich wirklich vom Christkind meine Stammzellen. Nach diesen Informationen und bei solchen Aussichten, die ich jetzt habe, ist mir wirklich seltsam zumute und der Schweiß rinnt mir noch immer den Rücken herab. Dennoch muss ich die Einwilligung auf der letzten Seite noch unterschreiben, wo in acht Punkten alles noch einmal zusammengefasst ist: Unter Punkt eins bestätige ich, dass ich grundsätzlich mit der Therapie einverstanden bin, unter Punkt zwei erkläre ich mich einverstanden, Blutprodukte zu erhalten, unter Punkt drei bestätige ich, dass ich über die möglichen Nebenwirkungen informiert bin, und so geht es weiter bis zu Punkt acht. Also unterschreibe ich das jetzt, nehme das Formular am 15. Dezember mit und lasse es vom Arzt gegenzeichnen. Dann hat alles seine bürokratische Richtigkeit.

„Bitte lass uns eine Runde spazieren gehen, einmal um den See. Ich muss dringend auf andere Gedanken kommen." Moni versteht und nickt: „Gut, auf geht's! Wir müssen uns warm anziehen, es hat nur drei Grad."

1. bis 7. Dezember

Die Tage verlaufen alle ungefähr gleich. Ich verhalte mich, wie schon während der gesamten Therapie, sehr diszipliniert, das heißt morgens früh aufstehen, regelmäßiger Tagesablauf mit schonender Beschäftigung, meistens etwa eine Stunde spazieren gehen, Medikamente pünktlich einnehmen, viel trinken, mehrmalige Mundspülungen vornehmen und wenig unter Menschen aufhalten, um Infektionen aus dem Weg zu gehen. Die Nebenwirkungen, wie Schluckauf, trockene Schleimhaut und Schlappheit sind bei Weitem nicht mehr so intensiv, wie nach dem ersten und zweiten Zyklus. Zweimal pro Woche war ich beim Hausarzt und habe Blut abnehmen lassen. Die Anzahl der Leukozyten ist im Normbereich und steigt an, ansonsten liegen 13 von 32 Werten zwar außerhalb des Normbereiches, was laut Frau Dr. Schreiber aber nicht kritisch ist. Dies sei zu erwarten bei dieser Therapie und außerdem stimme die Tendenz. Ich konnte etwas Ruhe finden und mich erholen. Nur am jetzigen Sonntagabend kreisen die Gedanken schon wieder um morgen. Montag und Dienstag finden die vorbereitenden Untersuchungen für den nächsten Schritt der Therapie statt und deshalb geht mir durch den Kopf: Schaffe ich das alles? Was kommt da noch auf mich zu?

8. Dezember

Ich bin wieder zu Hause. Das war ein Hin und Her heute. Um neun Uhr war ich pünktlich im Tumortherapiezentrum. Zunächst hat es gedauert, bis meine Akte gefunden wurde, dann hat etwas nicht gepasst mit dem Termin für die HNO-Untersuchung und die Dame an der Anmeldung hat länger telefoniert. Dann ging es weiter zum Blut abnehmen und dann zur Ärztin Frau Dr. Weiser. Diese kannte ich noch von dem Termin zur Stammzellabgabe. Und natürlich zwischendurch immer wieder warten, warten, warten. Von Frau Dr. Weiser bekam ich die Unterlagen für die Untersuchungen und anschließend ging ich durch die Klinik, wie von Pontius zu Pilatus, von Termin zu Termin: erst das Echokardiogramm, den langen Gang an der Patientenaufnahme vorbei ganz durch und dann links. Wieder warten, dann aufgerufen werden, auf die Liege, Kabel werden am Oberkörper befestigt und kurz darauf ist schon alles erledigt. Und so ging es weiter, über die Flure des Klinikums, immer wieder den Übersichtsplan in der Hand studierend. Am Nachmittag war alles geschafft, und soweit ich Auskunft bekommen habe, war alles in Ordnung. Morgen stehen noch die HNO- und die Zahnstatus-Untersuchung an, dann sind alle Check-up-Untersuchungen erledigt.

Heute Morgen ging es schneller voran. Ich musste nicht mehr zur Anmeldung, da ich meine Unterlagen schon bei mir hatte. Deshalb wurde ich gleich in der HNO-Ambulanz vorstellig. Dort hieß es zunächst einmal warten. Dann folgte die Untersuchung von Mund-, Kiefer- und Stirnhöhle. Irgendetwas hat da nicht gepasst, was mir aber nicht mitgeteilt wurde. Das werde ich dann aber gleich beim Abschlussgespräch im TTZ von Frau Dr. Weiser erfahren. Vorher war ich noch in der Zahnmedizinischen Klinik. Dazu musste ich auf die Straßenseite gegenüber in ein anderes Gebäude. Hier wurde ich dann wieder einmal geröntgt, nach entsprechender Wartezeit natürlich. Die Zähne sind jedoch alle in Ordnung.

„Kommen Sie doch bitte hier in das Arztzimmer", spricht mich Frau Dr. Weiser an. Ich setze mich ihr wieder gegenüber und bin gespannt, was sie mir mitzuteilen hat. „Die Check-up-Untersuchungen waren alle ohne Befund, sodass wir die Hochdosistherapie und Stammzelltransplantation wie geplant durchführen können. Lediglich bei der HNO-Untersuchung wurde in der linken Nebenhöhle bei der Sonografie ein kleiner Schatten bemerkt. Den werden wir jetzt aber nicht weiter berücksichtigen. Die Kollegen dort sind stets äußerst vorsichtig. Also kommen Sie bitte wie geplant am 15. Dezember auf die Station 3/5."

In den letzten Tagen verlief alles normal, ohne besondere Vorkommnisse. Wie immer fühle ich mich zum Ende der Erholungsphase ganz gut, auch wenn die körperliche Schwäche intensiv zu spüren ist. Joggen geht gar nicht mehr, aber wenn ich mich zusammenreiße, klappt es zumindest mit der einen Stunde Spaziergang.

Am gestrigen Samstag waren mein Sohn und meine Schwiegertochter da. Markus wollte mich unbedingt vor Weihnachten und vor dem nächsten Therapieschritt nochmals sehen. Ich habe mich riesig gefreut. Seitdem ich meinen Lebensmittelpunkt in München habe und mich in Therapie befinde, können wir uns nur selten sehen. Die beiden sind bereits am Freitag von Hannover nach München gereist, haben Freunde in der Stadt besucht und im Hotel übernachtet. Um zehn Uhr habe ich sie abgeholt und wir haben einen wunderschönen Tag verbracht. Erst waren wir einkaufen in einem Bekleidungsgeschäft, in dem Markus sein Weihnachtsgeschenk selbst aussuchen konnte. Und ich habe mich dabei sogar getraut, wieder unter Menschen zu gehen. Dann gab es zu Hause Weißwurst und Brezen und wir haben erzählt und gequatscht. Die Stunden vergingen wie im Flug. „Wir müssen los, die Bahn wartet nicht", sagte Markus. „Du schaffst das alles. Wir sind bei Dir, auch wenn wir weit weg sind". Ich musste wegsehen, ich hatte Tränen in den Augen.

Und heute, am 3. Advent geht es mir schlecht. Ich habe das Gefühl, krank zu werden, ich liege den ganzen Tag nur rum, das Essen schmeckt nicht. Entweder ich bekomme eine Erkältung, oder die Nebenhöhlen machen dicht, oder mit dem Kreislauf stimmt etwas nicht. Oder bekomme ich Fieber? Oder aber es ist eine Reaktion auf die morgen beginnende Hochdosis-Chemo und den längeren Krankenhausaufenthalt. „Moni, ich habe keine Lust spazieren zu gehen, Moni ich habe keine Lust zu reden, Moni ich mag nichts essen, Moni mir geht es nicht gut", quengele ich vor mich hin.

VI. Hochdosis- und Stammzelltherapie

15. Dezember

Obwohl ich irgendwie neben mir stehe, habe ich die Krankenhausaufnahme hinter mich bringen können. Der Verwaltungskram ist erledigt und ich gehe Richtung Station 3/5. Wieder habe ich letzte Nacht schlecht geschlafen und musste immer wieder daran denken, was nun auf mich zukommt. Zeitweise war mir sogar übel und immer wieder beschlich mich das Gefühl, eine Grippe zu bekommen und die weitere Therapie absagen zu müssen. Heute ist es etwas besser. Vielleicht kann so etwas doch psychische Gründe haben und das, was nun vor mir liegt, hat mir diese Probleme bereitet. Ich meine immer, dass ich psychisch absolut stabil bin. Aber egal, jetzt hake ich das erstmal ab, wo ich nun hier bin und vor der Tür zur Station stehe.

Schwester Ludmilla sieht mich gleich, als ich eintrete. Nach drei Zyklen bin ich inzwischen ein alter Bekannter. Trotzdem wickeln wir das „Empfangsprogramm" mit aller gebotenen Professionalität ab. Sie stellt die gleichen Fragen wie immer und der Stuhl zum Wiegen findet auch Verwendung, Fieber habe ich keines und die ersten Essenskarten füllen wir, ebenfalls wie immer, gemeinsam aus. Als dies alles erledigt ist, sagt Schwester Ludmilla: „Sie kommen wieder in das gleiche Zimmer und auch Ihr Zimmergenosse ist immer noch der gleiche. Er wartet schon auf Sie." Das gibt es doch nicht:

Wieder mit Heinz in einem Zimmer? Das ist eine schöne Überraschung. „Sie können jetzt auf Ihr Zimmer gehen, die Ärztin kommt dann zu Ihnen", ergänzt sie noch.

„Servus Heinz, ich bin wieder da!" „Hallo Rudi, ich freue mich. Ich habe schon mit den Schwestern und Ärzten gesprochen und ihnen gesagt, wenn du wiederkommst, musst du unbedingt in ‚unser Zimmer'. Und es hat sogar geklappt, die haben das hingekriegt. Super ist das, ich freue mich!", antwortet Heinz. Das ist vielleicht eine Wiedersehensfreude, wenn zwei Freunde, die eine Chemotherapie über sich ergehen lassen müssen, sich nach drei Wochen in der Klinik wiedersehen. Trotz des Jubels spüre ich, dass es Heinz nicht gut geht und er bestätigt es mir: „Ich bin immer noch hier in diesem Zimmer; ich weiß gar nicht mehr, wie lange schon. Und stell dir vor: Ich wiege nur noch 48 Kilo und fühle mich furchtbar schwach." Er sieht in der Tat schlecht aus und bewegt sich nur noch langsam und vorsichtig. Außerdem spricht er auch sehr langsam und leise. Doch bevor er weiter über sein Befinden und den Stand seiner Therapie berichtet, freuen wir uns, dass wir wieder gemeinsam im Zimmer sind, und reden davon, wie toll das ist und dass wir einander wieder viel erzählen und über Fußball diskutieren können.

Dann werden wir unterbrochen. Gerade habe ich Sporthose und T-Shirt angezogen und meine Tasche nebst der Kleidung im Schrank verstaut, klopft es und mit Schwung und Elan tritt eine junge Ärztin ins Zimmer: „Ich werde Ihnen jetzt den Halskatheter legen.

Kommen Sie bitte mit", spricht sie mich an und sagt nebenbei noch zu Heinz: „Na, wie geht es uns denn heute?" Nachdem Heinz mit „Nicht so besonders" geantwortet hat und ich schon bereitstehe und bestätigt habe, dass ich mitgehe, marschieren wir wieder in das kleine Arztzimmer. Die Geräte stehen schon bereit und es kommt eine zweite junge Dame dazu, anscheinend eine Ärztin, die noch in der Ausbildung ist. Ihr wird von der Ärztin, die mich abgeholt hat genau erklärt, was gemacht wird. Ich kenne das Prozedere bereits vom ersten und zweiten Zyklus, sodass es für mich nichts Neues ist. Allerdings ist die junge Ärztin, auf ihrem Namensschild steht „Dr. Schelke, Assistenzärztin", in ihrer Arbeit beim Einführen des Katheters nicht so sicher, wie einst Dr. Jäger. Wenn man das schon mehrmals mitgemacht und seine Erfahrungen gesammelt hat, stellt man eben Vergleiche an. Aber nach einigem Hin und Her (im wahrsten Sinne des Wortes) sitzt das Ding. „So, wir sind fertig. Bleiben Sie noch kurz liegen und gehen Sie dann in Ihr Zimmer zurück. Sie wissen ja: Sie müssen noch zum Röntgen. Ich gebe Bescheid und lasse Sie dann abholen", wird mir erklärt. „Vielen Dank Frau Doktor", bedanke ich mich artig.

Schwester Karin hat heute Tagdienst und informiert mich über die Vorsichtsmaßnahmen, die für mich in nächster Zeit wichtig sind: „Häufig den Mund mit diesem Mittel spülen, immer die Hände desinfizieren, im Bad immer mit einem Desinfektionstuch nachwischen, den Toilettenrand immer desinfizieren, nichts vom Boden aufheben und zwischendurch Handy und

Kopfhörer und sonstige Utensilien ebenfalls mit einem Desinfektionstuch reinigen. Sollten Sie aus dem Zimmer gehen, immer diese Maske über den Mund ziehen. Das dient jetzt der Vorbeugung. Wenn die Blutwerte dann nach unten gehen, müssen wegen der Keime noch mehr Vorkehrungen getroffen werden. Dann bekommen Sie nur noch keimfreie Kost und ihr Bettzeug wird täglich gewechselt. Dazu werden Sie später aber noch genauer beraten." Na toll, denke ich mir, Einschränkungen ohne Ende. Ich weiß jedoch, der Mensch hält viel aus. Ich nehme mir vor, alle Hinweise genau zu befolgen. An mir soll es nicht liegen.

Ich sitze auf dem Bettrand und das Abendbrot steht vor mir auf dem Nachttisch. Während ich esse, lasse ich den Tag nochmals Revue passieren. Glücklicherweise ging es mir heute besser als gestern. Dann war diese Angst gestern, eine Erkältung oder sonst etwas zu bekommen, wahrscheinlich doch psychisch bedingt. Sonst lief der Tag so ab, wie bei den anderen Zyklen auch. Aufnahmeritual, Halskatheter setzen, Röntgen, verschiedene Tabletten einnehmen und vorbereitende Infusionen ertragen, dann über vier Stunden lang Rituximab, also die Antikörper per ZVK eintropfen lassen, mehrmals am Tag Temperatur und Blutdruck messen und mit Heinz plaudern. Die Infusionen habe ich heute wieder gut vertragen. Noch ist alles okay. Mal sehen, wie die Nacht wird.

Heute beginnt die sogenannte Hochdosis-Chemo. Schwester Karin hat wieder Dienst und hat mir die vorbereitenden Infusionen angehängt. Kevatril, 20 mg Fortecortin und 2 x 20 g Paspertin gibt es gegen die Nebenwirkungen, wie Übelkeit, Erbrechen und Magenbeschwerden. Nachdem dies alles im Körper war, wurde ich an den Monitor angeschlossen, um alle Körperfunktionen überwachen zu können. Das ist ein neues Gefühl für mich, denn bisher habe ich so etwas nur im Film gesehen. Verschiedene Kabel wurden am Brustkorb befestigt und auf den rechten Zeigefinger bekam ich einen Clip. Auf dem Monitor rechts hinter mir leuchteten Ziffern auf und Skalen waren zu sehen. Alle zehn Minuten pumpte sich eine Manschette auf, die am linken Arm angebracht war. Und ich dachte nur: Hoffentlich muss ich nicht zur Toilette. Bis das hier alles einschließlich der Infusion abgeklemmt ist, würde sicher einige Zeit vergehen. Also muss ich den Füllstand meiner Blase so gut es geht ignorieren, und wenn es gar nicht mehr geht, eben der Schwester klingeln. Es ist schon seltsam, was einem, zumindest für kurze Zeit, derart wichtig werden kann. Bei mir ist das zu diesem Zeitpunkt: Nur nicht auf die Toilette gehen müssen. Die Chemo war für eine Stunde angesetzt, und es hat dann auch ohne Toilettengang funktioniert. Die Chemo hieß BCNU. Ich habe nachgesehen. Aufgrund ihrer starken Nebenwirkungen kommt sie nur beschränkt zum Einsatz, wird jedoch als unersetzlich erachtet für die Vorbereitung auf eine Stammzelltransplantation. Kurz nach Mittag war die Chemo schon durchgelaufen, die Stunde vorbei und schon beim Nachspülen wurde ich vom Monitor wieder erlöst. Das allein war schon ein befreiendes Gefühl.

Der Nachmittag vergeht langsam. Ich gehe gleich mal nach vorn in die Teeküche und hole mir eine Tasse Kaffee. Da habe ich jetzt Lust drauf und von heute Mittag habe ich noch einen Muffin im Nachttisch liegen. Den lasse ich mir ebenfalls schmecken. Die Medikamente und Infusionen habe ich bisher ganz gut weggesteckt. Mir ist nicht übel, nur etwas schummrig zumute. Heinz hat Besuch von seiner Frau. Ich werde mich, nachdem ich den Kaffee getrunken habe, auf die linke Seite legen (rechts geht nicht, wegen des ZVK) und etwas dösen. Gegen Abend sind bestimmt auch die drei Liter Platinwässerung durchgelaufen und dann bin ich über Nacht sogar „infusionsfrei".

17. Dezember

Zum ersten Mal bekomme ich Besuch in der Klinik. Moni lässt es sich nicht nehmen und kommt heute nach der Arbeit vorbei. Ich sage ihr ja immer, das sei nicht nötig und ich komme hier schon zurecht und der Aufwand sei doch zu groß – doch ganz ehrlich: Ich freue mich sehr darüber.

Heute Morgen gab es schon einmal Chemo und heute Abend nochmals. Die Chemo heute Morgen hieß VP-16 und heute Abend gibt's dann noch Ara-C. Die

Chemo heute Morgen lief „nur" eine halbe Stunde, die Chemo heute Abend soll etwa eine Stunde laufen. Ich habe diesmal nicht nachgesehen, was dies für Mittel sind und welche Nebenwirkungen sie verursachen. Aber seit heute Vormittag habe ich mit einer leichten Übelkeit zu kämpfen. Das Mittagessen hat nicht besonders geschmeckt und ich hatte heute auch keine Lust, einen Kaffee zu trinken. Ich bleibe bei Wasser und Tee. Eben habe ich etwas gedöst. Heinz kämpft nebenan mit seinem Schluckauf, ansonsten ist es ruhig im Zimmer. Draußen dämmert es schon. Die kleine Lampe über meinem Bett gibt Licht – irgendwie eine friedliche Stimmung.

Es klopft. Ganz vorsichtig und leise kommt Moni ins Zimmer. Sie trägt einen Mundschutz und hält Abstand, wie die Vorschriften es vorgeben. Da sie zum ersten Mal hier ist, sieht sie sich nach der Begrüßung erst einmal um. Sie kennt alles ja nur von meinen Erzählungen am Telefon. Und Heinz kennt sie ebenfalls nur durch meine Berichte. „Das ist Heinz und das ist Moni", stelle ich die beiden einander vor. „Ich freue mich, dich kennenzulernen", sagt Heinz. „Rudi hat schon viel von dir erzählt." „Zieh doch deine Jacke aus, hol dir den Stuhl und setz dich zu mir ans Bett", bitte ich Moni. „Sieh mal, ich habe dir einen frischen Schlafanzug und frische T-Shirts mitgebracht", sagt Moni. Ich erzähle ihr, dass es mir so weit ganz gut geht, ich heute aber eine leichte Übelkeit verspüre und dass ich heute Abend nochmals Chemo bekomme. Für mich sieht es so aus, als ob Moni sehr erschrocken ist, als sie dieses Krankenhauszimmer und die vielen Apparate und Flaschen sieht. Aber so genau kann ich das in ihrem Gesicht nicht erkennen, da der Mundschutz nur die Augen freilässt. Ich erzähle weiter, wie der Tag hier so abläuft, dass wir manchmal mit unseren Infusionsständern über die Schläuche fahren und diese dann wieder entwirren müssen, welche Schwester heute Dienst hat und was der Arzt bei der Visite heute gesagt hat und, und, und … Da merke ich, dass die Welt für mich nur noch aus diesem Krankenzimmermilieu besteht. Das beschäftigt mich, das ist momentan mein Leben und nichts anderes. Erst als Moni erzählt, dass sie Schwierigkeiten hatte, einen Parkplatz zu finden, wer alles einen Gruß an mich ausgerichtet hat und was bei ihr heute auf der Arbeit los war, merke ich, dass die Welt sich weiterdreht. Nur wir hier in diesem Zimmer nehmen daran momentan eben nicht teil.

Schön, dass Moni heute da war. Aber sie kommt jetzt erst spät nach Hause. Unser Abschied war schon merkwürdig, so „aus der Ferne" eben mal winken und Ade sagen. Sie war bestimmt froh, als sie vor der Tür den Mundschutz wieder abnehmen konnte. Morgen will sie mich wieder besuchen kommen und ich freue mich jetzt schon darauf. Es ist eine Abwechslung in diesem tristen Krankenhausgeschehen und ich merke, wie wichtig es für mich ist, über andere Themen sprechen zu können.

Der Arzt ist da und schließt die „Abendchemo" an. Anschließend spülen und noch einige Zeit lang Platinwässerung und wieder ist ein Tag geschafft. „Nur" noch vier Tage lang muss ich die Chemo ertragen. Heute ist Bundesliga-Spieltag. Ich werde mir um 22.30 Uhr noch die Zusammenfassung ansehen. Wenn ich lange wach bleibe, kann ich eventuell besser schlafen.

18. Dezember

Draußen läuft bestimmt gerade die hektische Vor-weihnachtsphase an. Hier jedoch ist nichts davon zu merken. Es gab die gleiche Chemo wie gestern, morgens und abends. Das wird auch die nächsten zwei Tage noch so weitergehen. Bisher vertrage ich das Zeug recht gut, obwohl es sich ja um die sogenannte Hochdosis-Chemo handelt. Moni war gegen Abend wieder da und hat mich besucht. Wieder hatte sie Probleme einen Parkplatz zu finden, doch wieder hat es mir gut getan, von der Welt draußen etwas zu hören.

Heinz hatte heute wieder mal seinen Moralischen. Er ist nun schon seit acht Wochen hier und hat mit vielen Nebenwirkungen seiner Therapie zu kämpfen. Außer-dem hat er heute erfahren müssen, dass seine beiden Brüder für eine Stammzellspende nicht infrage kom-men. Nun wird die weltweite Kartei von Spendern durchforstet. Und auf die Frage, ob und wann er mal für ein paar Tage nach Hause kann, bekommt er von den Ärzten keine Antwort, nur den Hinweis, er müsse fieberfrei sein. Nun suchen sie bis jetzt vergeblich nach der Ursache des Fiebers. Ich wollte ihn ein wenig auf-muntern und mit ihm über Fußball sprechen, aber er hatte heute nicht einmal dazu Lust.

19. Dezember

In der letzten Nacht habe ich von einem Essen bei unserem Italiener um die Ecke geträumt: Austernpilze als Vorspeise, ein delikater Fisch mit Gemüse und dazu ein gutes Glas Weißwein. In dem Moment, wo ich einen Schluck von diesem kühlen Weißwein trinken möchte, höre ich, „Wir müssen Blut abnehmen", und wache auf. Der schöne Traum ist weggeblasen und die Krankenhauswirklichkeit hat mich wieder. Ich bin spät eingeschlafen, häufig aufgewacht und habe anscheinend heute Morgen deshalb etwas länger geschlafen. Es ist kurz vor acht Uhr und vor meinem Bett steht Dr. Schelke und will mein Blut. Gut, das geht schnell am Halskatheter, dann steh ich aber auf und mache mich erst einmal frisch im Bad, bevor es wieder losgeht mit Messen, Wiegen, Chemo anhängen usw.

Ich bekomme zweimal die gleiche Chemo wie gestern, einmal morgens und einmal abends. Moni war wieder da, hat die schmutzige Wäsche mitgenommen und ich habe ein wenig von der Welt außerhalb der Station 3/5 erzählt bekommen. Tagsüber ging es mir gut. Von Schwester Karin bin ich gefragt worden, ob ich mich morgen für eine Schwesternprüfung zur Verfügung stellen würde. Dazu würden zwei Schwesternschülerinnen zu mir ans Bett kommen, den Halskatheter neu verbinden und ein Beratungsgespräch zur Neutropenphase führen, also die Zeit nach der Chemo, wenn die Blutwerte herabgesenkt sind. Ich habe spontan zugesagt. Das ist doch mal wieder eine schöne Abwechslung. Jetzt am Abend fühle ich mich schlapp und wieder ist diese leichte Übelkeit da. Deshalb habe ich keine Lust mehr, mit Heinz zu reden, sondern sehe mir lieber die Nachrichten zum Lufthansa-Streik und zur Sperrung der A 7 bis Weihnachten aufgrund eines schweren Unfalls an. Der Wetterbericht sagt für morgen einen sonnigen Tag voraus. Nach der *Tagesschau* werde ich mir im ZDF noch den *Alten* und vielleicht auch noch *Soko Leipzig* ansehen. Nebenbei sehe ich immer wieder auf dem Handy nach, ob mir Moni eine SMS geschickt hat. Sie will mich auf dem Laufenden halten, wie es heute beim Spiel der Bayern in Mainz steht.

20. Dezember

Heute scheint doch tatsächlich die Sonne ins Zimmer! Die Übelkeit war heute Morgen weg, und dass ich mich schlapp fühle, halte ich für nicht so schlimm. Ich liege hier ohnehin den ganzen Tag nur herum. Die erste Chemo ist schon angeschlossen und läuft.

Nun stehen die angekündigten beiden Schwesternschülerinnen vor meinem Bett. Sie sind ein wenig nervös. Schwester Karin war vorher noch einmal da und hat mich vorbereitet. Ich solle mich ganz normal verhalten und auch Fragen stellen. Sie kommt anschließend, wenn die beiden fertig sind, nochmals vorbei und holt mein Feedback ein. Die jungen Damen stellen sich vor: „Ich bin Inge und das ist Sabine. Wir sind Schwesternschülerinnen. Wir werden Ihren ZVK neu verbin-

den und Sie dann informieren, was Sie in der Neutropeniephase beachten müssen." Ich stelle gleich die erste
Frage: „Was genau ist denn die Neutropeniephase?"
„Durch die Hochdosis-Chemo werden sich Ihre weißen
Blutkörperchen, also die Leukozyten, zu denen Gra-
nulozyten, Lymphozyten und Monozyten zählen, stark
vermindern. Das Infektionsrisiko steigt bei einem
Granulozytenabfall und deshalb ist es wichtig, vorzu-
beugen und genau auf Anzeichen einer Infektion zu
achten", erklärt mir Inge. Sabine fährt fort: „Wir verbinden erst den Halskatheter neu und dann informieren wir Sie noch genau." Ich drehe den Kopf leicht zur
Seite, damit sie an den ZVK herankommen. Das alte
Pflaster wird mit leicht zittrigen Händen abgezogen,
dann wird mit einem Tupfer desinfiziert und ein neues
Pflaster aufgebracht. Ich finde, die beiden machen das
gut. Sie geben sich immer wieder gegenseitig Tipps und
helfen einander. „Und nun die Hinweise zur Neutropeniephase", legen die beiden los und wechseln sich
immer beim Reden ab. „Wichtig ist die Händedesinfek-
tion. Wir geben Ihnen auch Hinweise zur Mund- und
Körperpflege, und Sie bekommen allgemeine Verhal-
tensregeln."

Zur Desinfektion der Hände erläutern Inge und Sabine, dass dies so wichtig sei, da die meisten Krank-
heitserreger durch die Hände übertragen werden.
Deshalb soll ich bei jedem Betreten und Verlassen des
Zimmers, nach Handeschutteln oder sonstigem Kontakt mit anderen Personen und nach Kontakt mit
irgendwelchen kontaminierten Gegenständen die

Hände desinfizieren. Vor und nach dem Essen reicht das Waschen der Hände mit Seife aus. Zur Körperpflege heißt es täglich duschen, die Haut gründlich abtrocknen, nicht rubbeln, sondern tupfen, damit es nicht zu Hautirritationen kommt und eincremen. Täglich müssen die Handtücher und Waschlappen gewechselt werden, da es bei Feuchtigkeit zu Keimvermehrung kommt. Finger- und Fußnägel sind kurz zu schneiden und sauber zu halten. Wegen Verletzungs- und Blutungsgefahr soll ich mich außerdem nur trocken und vorsichtig mit einem elektrischen Rasierapparat rasieren.

Zur Keimreduktion in der Mundhöhle ist eine sorgfältige und häufige Mundpflege erforderlich. Die Mundschleimhaut soll möglichst feucht gehalten werden. Eine gründliche Zahnreinigung mit weicher Zahnbürste ist wichtig. Auch die Zunge soll dabei nicht vergessen werden. Zahnfleisch und Zunge werden von Schwestern und Pflegern immer auf Läsionen, Beläge und andere Veränderungen kontrolliert. Die Zahnbürste soll mit dem Kopf nach oben ins Glas gestellt und mindestens einmal pro Woche gewechselt werden. Weiterhin soll ich die Mundspülung verwenden, die mir bereits zur Verfügung gestellt wurde und bei Beschwerden im Mund sofort die Schwester oder den Arzt informieren.

Bei Verlassen des Zimmers, auch zu Untersuchungen, habe ich stets die Gesichtsmaske tragen. Auch Besucher müssen diese Maske tragen. Die Toilettenbrille muss vor und nach jeder Benutzung mit Desinfektionstüchern abgewischt werden. Ferner soll ich nicht barfuß oder in Strümpfen gehen, da der Boden, auch wenn er täglich gereinigt wird, nie keimfrei ist. Ich soll mich auch nicht in Straßenkleidung ins Bett legen, einmal am Tag den Nachttisch und die darauf liegenden Gegenstände desinfizieren, genauso Gegenstände, die auf den Boden gefallen sind.

„Außerdem erhalten Sie ab Montag oder Dienstag keimfreie Kost", erklären mir die beiden zum Abschluss. „Aha", sage ich, „aber das kann ich mir beim besten Willen jetzt nicht alles merken." Inge antwortet: „Ich habe das alles für meine Schwesternausbildung auf den Seiten hier zusammengefasst. Die kopiere ich Ihnen gern." „Das ist super. Vielen Dank auch für die ausführliche Beratung", verabschiede ich Inge und Sabine. Ich glaube, die beiden sind ganz froh, dass sie es geschafft haben. „Wir wünschen Ihnen viel Kraft und Geduld für diese schwere Zeit", sagen sie abschließend.

Schwester Karin hat sich heute Mittag erkundigt, ob ich mit den beiden Prüflingen zufrieden war und den Verband am Halskatheter begutachtet. „Inge und Sabine waren gut. Ich habe mich als Patient gut aufgehoben gefühlt und eine hervorragende Beratung zur Neutropeniephase erhalten", erkläre ich. „Der Verband ist auch gut angelegt", urteilt Schwester Karin und verrät mir: „Die beiden sind unsere besten Schwesternschülerinnen, die wir seit Langem haben." „Das freut mich", erwidere ich.

Es gibt eben doch noch junge Leute, die mit viel Herzblut und Enthusiasmus den Beruf einer Schwester oder Pflegerin ergreifen. Wenn ich sehe, was die Angehörigen dieser Berufsgruppe auf der Station hier leisten, kann ich nur sagen: Alle Hochachtung. Ich habe mir selten Gedanken gemacht, wenn es Medienberichte dazu gab, dass die Einkommen dieser Berufsgruppe zu gering seien, jetzt aber sehe ich das mit anderen Augen. Im Dreischichtbetrieb steht hier immer jemand zur Verfügung. Dauernd müssen bei den Patienten Infusionen angehängt und abgehängt werden, bei jedem Klingeln muss nach den Patienten gesehen werden, die Krankenblätter müssen geführt werden, die Routinemessungen müssen durchgeführt werden, Medikamente müssen ausgegeben werden, die Sorgen der Patienten müssen angehört werden. Und das ist nur ein kleiner Teil dessen, was täglich ansteht. Auch gibt es Patienten, die sind nicht so vernünftig, wie Heinz und ich, sondern haben ständig Sonderwünsche, sprechen die Schwestern unflätig an und beschweren sich über alles Mögliche. Nachts, hat mir Schwester Son einmal erzählt, ist eine Nachtschwester für 25 Patienten zuständig. Und Schwester Editha hat mir berichtet, dass ihr Wohnort hundert Kilometer entfernt ist und sie sich hier in München mit zwei Kolleginnen eine alte kleine Wohnung teilen muss, da sie sich nichts Besseres leisten kann. Und bei alldem habe ich noch kein einziges Mal eine der Schwestern unfreundlich erlebt, wenn ich etwa klingeln musste, weil die Infusion mal wieder nicht lief oder sonst etwas war, wobei ich Hilfe benötigte – ganz im Gegenteil: Wenn ich sie darauf ansprach, dass es mir leidtut, dass ich klingeln musste, hieß es: „Dafür sind wir ja da." Und neben all der körperlichen Anstrengung gibt es auf dieser Station mit schwerkranken Menschen sicher auch eine psychische Belastung, da nicht bei jedem Patienten die Therapie anschlägt und diese eben auch sterben können.

Ich will nicht ans Sterben denken. Heute Nachmittag kommt Moni vorbei und heute Abend sehe ich mir die *Sportschau* an. Sicher gibt es auch mit Heinz heute wieder einen Small Talk. Abends wird noch eine Chemo verabreicht und morgen dann noch eine, aber dann bin ich endlich durch mit diesem Gift. Heute habe ich Schluckauf und gegen Abend naht bestimmt wieder diese leichte Übelkeit. Trotzdem bin ich zufrieden, wie ich bisher alles geschafft und vertragen habe. Meine Füße sind dick und ich bin mir sicher, dass wegen der Einlagerungen beim Wiegen heute wieder mal zu viel Gewicht angezeigt wird. Und das heißt, es gibt Lasix, weshalb ich dann wieder alle zehn Minuten zur Toilette muss, hoffentlich nicht gerade, wenn die Sportschau läuft.

21. Dezember

Am heutigen Sonntag ging es richtig zackig voran. Um neun Uhr hing ich schon an der Chemo. Nach vier Tagen gibt es nun eine andere Chemo, die sich Melphalan nennt. Ich hatte Glück, dieses Medikament überhaupt zu bekommen, denn bei Melphalan gibt es Lieferengpässe. Ich kann mich daran erinnern, dass ich anlässlich einer Diskussionsveranstaltung in Berlin

190

dieses Thema recherchiert habe. Dieses Krebspräparat wird weltweit nur noch von einer Firma hergestellt – und die hat Probleme mit der Qualität. Die Ursache dieses Problems liegt auf der Hand: Läuft das Patent aus, erzielt die Pharmafirma nur noch zehn Prozent ihres ursprünglichen Gewinns. Die Produktion wird, wie im Fall von Melphalan, in ein Billiglohnland verlagert, wo die Qualität nicht immer gewährleistet ist. In hochwertige Produktionsstätten wird nicht mehr investiert und bei Produktionsschwierigkeiten kommt es daher zu Lieferengpässen. Ich kann nur hoffen, dass die Qualität „meines" Melphalans stimmt. Nicht nur beruflich, sondern jetzt und hier auch als Patient empfinde ich es als eine große Schweinerei, dass sich Pharmafirmen nur noch auf lukrative Substanzen konzentrieren und die alten bewährten Mittel derart vernachlässigt werden. Ich will doch gesund werden und die denken nur an ihren Profit.

Aber heute ist der siebte Tag angebrochen und das ist die letzte Chemo. Noch einmal 278,6 Milligramm von diesem Zeug und dann natürlich das drum herum: Ein Liter Platinwässerung (und nicht drei, wie in den vergangenen Tagen) und diverse andere Mittel stehen noch auf dem Plan, auch einiges an Tabletten, wobei ich keinen Überblick mehr habe, was da alles auf dem Nachttisch liegt.

Um vierzehn Uhr entfernt Schwester Son sämtliche Infusionen und Schläuche. Der Halskatheter verbleibt zwar noch, aber die wiedergewonnene Bewegungsfreiheit ist herrlich, und es ist ein ganz besonderes Hochgefühl, mit der Chemo endlich durch zu sein. Seit Oktober habe ich in Abständen immer wieder Chemo bekommen und gerade habe ich zum Abschluss sechs Tage Hochdosis-Chemo hinter mir. „So, jetzt feltig. Keine Chemo mel. Pause machen und elholen", sagt Schwester Son. Und obwohl ich schwach bin, leichten Durchfall habe und hier ja auch jetzt noch nicht herauskomme, empfinde ich dieses Glücksgefühl. „Keine Chemo mehr!", rufe ich ganz euphorisch und Heinz beglückwünscht mich.

Jetzt ist es auch egal, dass unser Zimmer heute nicht gereinigt wurde. Wahrscheinlich haben sie uns einfach vergessen. Dafür hat das Mittagessen ausnahmsweise gut geschmeckt. Es gab zum ersten Mal eine heiße Suppe. Bisher waren die Suppen hier immer nur lauwarm. Dafür habe ich mir heute gleich den Mund verbrannt. Anschließend gab es gegrilltes Hähnchen und Knödel. Naja, es schmeckte nicht so wie im Sternelokal und das Ambiente hier im Zimmer ist auch nicht besonders toll, schon gar nicht restaurantmäßig. Aber mit der Euphorie über meine letzte Chemo war es nach langer Zeit ein gutes Essen und vor allem: Es hat geschmeckt.

Schwester Son ist gegangen und ein Arzt kommt ins Zimmer und geht zu Heinz: „Wir haben bei Ihnen einen Keim im Urin gefunden. Das ist der Auslöser für Ihr Fieber. Wir geben Ihnen jetzt ein spezielles Antibiotikum, das ihr Fieber bestimmt senken wird", verspricht er ihm. Doch Heinz ist durch das tagelange Fieber bereits so geschwächt, dass er die Nachricht eher teil-

192

nahmslos aufnimmt. „Heinz, du wirst sehen: Jetzt geht das Fieber nach unten und du kannst bestimmt für ein paar Tage nach Hause", versuche ich ihn aufzumuntern. „Die lassen mich doch hier nicht raus", antwortet er deprimiert.

Ich gehe noch mal zur Toilette (Mund spülen, Toilettenring vorher und nachher reinigen, Hände desinfizieren), schüttle mein Bett auf und mache es mir (ohne Schläuche) gemütlich. Zum ersten Mal habe ich wieder Lust zu lesen. *Er ist wieder da* heißt das Buch, das ich von Markus geschenkt bekommen habe. Mal sehen, ich lese einfach mal rein, bevor dann Moni zu Besuch kommt. Draußen „im wahren Leben" ist heute der Vierte Advent.

22. Dezember

Was den Schlaf angeht, habe ich inzwischen meinen eigenen Rhythmus gefunden. Einschlafen kann ich meist erst zwischen 23 und 24 Uhr. Die erste Schlafphase reicht bis etwa 1.30 Uhr, dann steht ein Toilettengang an (Brille reinigen, Hände desinfizieren). Anschließend schlucke ich eine Schlaftablette und kann nach einiger Zeit wieder einschlafen, bis ungefähr vier Uhr. Unterstützt wird der Schlaf durch Ohrenstöpsel, die mir Schwester Son gebracht hat. Die Schwester kommt nachts häufig in unser Zimmer, da sie bei Heinz immer wieder Infusionen anschließen muss und auch ein gewaltiger Schluckauf ihn laufend plagt. Und der

Schluckauf eines Zimmernachbarn kann schlimmer sein als sein Schnarchen.

Für mich ist heute Ruhetag. Das bedeutet: keine Chemo und sonstige Infusionen, nur Tabletten – ein schönes Gefühl. Natürlich finden die üblichen Abläufe statt, das heißt, heute Morgen um acht Uhr wurde von einem Arzt Blut abgenommen. Anschließend kamen die Schwestern zur Messung von Gewicht, Blutdruck und Temperatur. Gleichzeitig war heute die Putzfrau schon da. Als ich nachfragte, warum gestern nicht gereinigt wurde, sagte sie: „Nix wissen. Gestern nicht da." Damit war dieses Thema auch erledigt.

Irgendwie ist alles etwas chaotisch heute. Ich sehe auf die Uhr: 9.30 Uhr und noch kein Frühstück weit und breit. Heinz geht es etwas besser. Sein Fieber ist tatsächlich weg und so schimpfen wir nach Kräften gemeinsam auf den schlechten Service. Interessant, mit welchen Kleinigkeiten ich mich hier beschäftige, nur weil das Frühstück etwas später kommt oder gestern das Zimmer nicht gereinigt wurde. Vor einigen Monaten habe ich mich damit beschäftigt, ob die Finanzzahlen in der Firma stimmen, ob der Vertrieb läuft und die Jahresplanung eingehalten wird, ob der Verwaltungsrat dem Vorstand Entlastung erteilt und ob personell alles im Lot ist. Doch jetzt lauten meine Themen: Wie vertrage ich die Therapie? Warum kommt das Frühstück so spät? Stimmen die Blutwerte? Und so weiter.

Endlich geht die Tür auf. Ein lautes „Guten Morgen, das Frühstück kommt!" ertönt und die Servicekraft knallt uns das Tablett auf den Nachttisch. Bevor wir etwas antworten können, ist sie schon wieder weg. Während ich zu Heinz sage, „Na dann guten Appetit; lass es dir trotzdem schmecken", klopft es wieder an der Tür. Dr. Schelke tritt zu Heinz ans Bett: „Wir müssen jetzt eine Knochenmarkpunktion machen." Wenn das so ist, ist das so. Ich lasse mir das Frühstück dennoch schmecken. Es gibt Brot und Marmelade, Pfefferminztee und danach einen Joghurt ohne Frucht. Gleichzeitig findet hinter mir bei Heinz die Knochenmarkpunktion statt – Mahlzeit!

Wie jeden Tag ist Moni wieder zu Besuch da. Ich erzähle ihr, wie ich heute meinen Ruhetag ohne Schläuche und Medikamentenständer verbracht habe: vom späten Frühstück, von der freundlichen Putzfrau und von der Knochenmarkpunktion bei Heinz während des Frühstücks. Moni bekommt unter der Maske immer kaum Luft, bleibt aber tapfer da und hört sich diese wichtigen Dinge an, die ich aus meinem Krankenhausalltag berichte. „Heute Nachmittag waren zwei Ärztinnen da, die mich noch einmal ausführlich über die Neutropeniephase aufgeklärt haben. Aber ich wusste ja schon alles von den Schwesternschülerinnen. Ich soll mich, sobald es geht, möglichst bewegen und auch mal rausgehen. Ich soll laufend die Hände desinfizieren, alles steril abwischen und ab morgen gibt es nur noch keimfreies Essen", ergänze ich meinen Bericht. „Was bedeutet denn keimfreies Essen?", fragt Moni. „Sieh her, ich habe hier Infoblätter erhalten. Auf denen sind alle Hinweise enthalten: also kein rohes oder halbrohes Fleisch. Alles muss gut durchgegart und möglichst mager sein. Ungeeignet sind die meisten Wurstsorten, geräucherter Fisch, Fischsalate, rohe und weich gekochte Eier, Rohmilch, Kefir, Suppen oder Cremes mit rohem Ei, aber auch Brot, das älter als ein Tag ist, frische Salate und alle Formen von Nüssen", lese ich vor. Die Aufstellung ist noch länger. Wir gehen alles durch und überlegen, wie wir zu Hause diese keimfreie Kost sicherstellen können. Das ist nicht einfach und wir müssen unseren Speiseplan bestimmt umstellen. Aber noch bin ich ja einige Zeit hier, wo es einfacher ist. Ich muss bei der Essensanforderung auf den Kärtchen nur die keimfreie Kost ankreuzen. Unter den angebotenen Menüs gibt es eben nur dies eine mit dem entsprechenden Vermerk. Eine Auswahl ist nicht mehr möglich.

„Und stell dir vor: Heute gab es noch eine große Überraschung für Heinz", berichte ich weiter. „Kurz bevor du eingetroffen bist, war Professor Kellner hier und hat ihm gesagt, dass sich seine Werte so weit verbessert haben, dass er morgen nach Hause darf und erst am 30. Dezember wieder hier sein muss für einen weiteren stationären Aufenthalt und die Fortsetzung der Therapie." „Ich bin so froh und überglücklich", ruft Heinz uns zu. „Endlich ein paar Tage raus hier."

Morgen ist auch mein großer Tag. Mir kommt es ein wenig so vor, als würde ich morgen neu geboren werden. Ich erhalte meine Stammzellen zurück, die das ruinierte Rückenmark wieder aufbauen.

Heute ist der große Tag der Stammzellgabe. Das ist in diesem Jahr mein Weihnachtsgeschenk, wenn auch bereits einen Tag vor dem Heiligen Abend. In der vergangenen Nacht habe ich vergleichsweise gut geschlafen. Gegen 23 Uhr bin ich eingeschlafen. Um 0.30 Uhr, um vier Uhr und um sechs Uhr gab es Unterbrechungen wegen Toilettengängen. Um acht Uhr kamen dann die Schwestern zum Messen und Wiegen. Die Werte Gewicht, Blutdruck und Temperatur waren in Ordnung. Ich kann fast sagen, mir geht es gut, allerdings verglichen mit dem, was ich bereits hinter mir habe. Mein Körper ist noch aufgedunsen von den vielen Medikamenten und die körperliche Schwäche ist belastend für mich. Nun muss ich erst einmal die Fliege hier im Zimmer fangen und in einer Stunde, um zwölf Uhr, ist die Stammzellgabe vorgesehen.

Es ist elf Uhr und im Zimmer herrscht Hektik. Heinz' Frau Maria, seine Tochter und sein Sohn sind da, um ihn abzuholen. Gleichzeitig soll bei den Kindern noch Blut abgenommen werden, um zu ermitteln, ob eines von ihnen als Stammzellspender für den Vater infrage kommt. Deshalb ist gerade ein Kommen und Gehen im Zimmer. Außerdem ist die Putzfrau da und wischt den Fußboden. Und nun kommt auch noch Schwester Son und strahlt mich an: „Heute glosel Tag. Kliegen Stammzellen. Will jetzt volbeleiten." „Was bedeutet das?", frage ich. „Elstmal ziehen Klankenhaus-hemd an, dann ich alles anschließen an Monitor und dann lichte ich hiel neben dem Bett Notfallset hel, damit, wenn was ist, gleich helfen können", antwortet sie. Besorgt frage ich nach: „Ist die Stammzellgabe denn so gefählich?" Schwester Son beruhigt mich: „Meistens nix passielen. Abel wenn doch, dann ist bessel volbeleitet."

Während Heinz' Familie noch durch das Zimmer wuselt und Heinz sich ankleidet, schlüpfe ich in das Krankenhaushemd. Das an der Rückseite offene Hemd und dazu noch diese Netzunterhose fühlen sich seltsam an. Da sind mir meine Sportklamotten schon lieber. Außerdem passt es mir nicht, dass unser Fenster angekippt ist und die Tür wegen des Kommens und Gehens ständig offensteht. Es zieht im Zimmer. Und wieder wird die Tür geöffnet: Schwester Son kehrt zurück und schließt alle Kabel vom Monitor an mich an. Dann hängt sie die Infusionen an den Medikamentenständer.

Heinz und seine Familie haben sich verabschiedet, sodass jetzt plötzlich Ruhe einkehrt. Ich bin allein und warte. Heinz war ganz schön nervös, seine Familie aber auch. Der Arzt hat ihm nochmals ins Gewissen geredet, dass er sofort in die Notfallaufnahme kommen muss, wenn er Fieber hat. Trotz seiner Nervosität bin ich mir sicher, dass er sich riesig freut, an Weihnachten zu Hause zu sein. Ich bin mal gespannt, ob ich einen neuen Zimmernachbarn bekomme oder ob ich allein bleibe.

Zwölf Uhr ist schon vorbei und noch hat sich nichts getan. Der Monitor blinkt und zeigt die aktuellen Werte wie Blutdruck, Herzfrequenz und Puls an. Das Notfallset liegt neben mir auf dem Nachttisch. Schwester Son war eben wieder da und hat mich informiert, dass sich die Stammzellgabe etwas verzögert, da die Ärztin noch bei einem anderen Patienten beschäftigt ist. Meine Stammzellen seien aber schon da. Es ist zu spüren, dass eine Stammzelltransplantation auch hier auf der Station für Ärzte und Schwestern etwas Besonderes darstellt. Sie ist eben die Voraussetzung dafür, die Chance zu erhalten, wieder gesund zu werden. Ich bin froh, die Hochdosis-Chemo überstanden zu haben, die das Rückenmark kaputtgemacht hat, damit meine konservierten Stammzellen es nun wieder aufbauen können.

Die Warterei hat mich genervt. Aber jetzt ist die Ärztin Frau Dr. Reitstein bei mir und hält einen Beutel mit hellroter Flüssigkeit in der Hand: „Es ist so weit. Hier habe ich Ihre Stammzellen. Zur Kontrolle nennen Sie mir bitte nochmals Ihr Geburtsdatum", sagt sie. An meinem Bett stehen außerdem eine Studentin und Schwester Son. Frau Dr. Reitstein hängt den Beutel an den Medikamentenständer und führt den Schlauch durch das Gerät, das die Durchflussmenge steuert. Während sie die Schläuche am Halskatheter anschließt, teilt sie mir mit: „Das Ganze wird etwa fünfzehn Minuten dauern. Es kann sein, dass Sie Hustenreiz bekommen. Nach der Stammzellgabe muss gespült werden und dann läuft noch die begleitende Infusion."

Die Ärztin und die Studentin kontrollieren nochmals alle Schläuche, Schwester Son prüft nochmals den Monitor und dann wird der Hebel umgelegt. Die Stammzellinfusion läuft. Meine Stammzellen kehren in den Blutkreislauf zurück und sollen von dort aus selbstständig ins Knochenmark wandern. Schwester Son fragt immer: „Alles okay?" Ich bemerke jedoch nichts – oder doch? Tatsächlich, jetzt geht es los. Ich verspüre einen unangenehmen Hustenreiz hinten im Rachen. Unter Räuspern bemerke ich verwundert: „Ich habe den Eindruck, es riecht hier nach Tomaten." „Ja", sagt Frau Dr. Reitstein, „wir freuen uns immer auf der Station, wenn es in einem Zimmer nach Tomaten riecht. Dann wissen wir, dass wieder jemand Stammzellen bekommt. Es wird übrigens noch drei Tage lang so riechen."

Es hat wirklich nur fünfzehn Minuten gedauert. Nun ist der Infusionsbeutel leer. „Ich werde jetzt noch zweimal spülen", kündigt Frau Dr. Reitstein an, „die Infusion wird noch etwa eine Stunde laufen und dann ist alles erledigt. So lange werden Sie noch am Monitor überwacht."

„Schwester, ich habe Hunger und muss auf die Toilette", melde ich mich. „Gut, dann jetzt ich mach Monitol weg", antwortet Schwester Son. Herrlich, am rechten Zeigefinger wird der Clip und am linken Arm wird die Armmanschette entfernt. Auch die Klebepunkte auf der Brust werde ich nun los. „Jetzt Sie können essen und auf Klo gehen", sagt Schwester Son. „Infusion wild noch ungefähl eine Stunde laufen, dann Sie klingeln und ich mache weg", ergänzt sie. Super, dann bin ich kurz vor sechzehn Uhr von allen Schläuchen wieder befreit, werde sofort das lächerliche Krankenhaushemd abstreifen und mein T-Shirt und die Sporthose wieder anziehen. Schwester Son schaltet den Monitor aus und nimmt das ganze aufgebaute Notfallset wieder mit, als sie geht. Wenn ich nachher von allen Schläuchen und vom Medikamentenständer befreit bin und mich umgezogen habe, hole ich mir einen Kaffee …

Um 16.15 Uhr klopft es. Moni kommt zu Besuch. Beim Eintreten sagt sie sofort: „Hier riecht es irgendwie nach Tomaten. Gab es heute Tomatensuppe?" Zunächst glaubt sie mir gar nicht, dass dieser Geruch mit der Stammzellgabe zu tun hat. Deshalb schildere ich ihr zunächst das ganze Prozedere, das an diesem denkwürdigen Tag stattgefunden hat. Der Tomatengeruch muss jedoch sehr intensiv sein, wenn Moni das sofort und trotz ihrer Gesichtsmaske gerochen hat. Und ich habe das Gefühl, dass inzwischen mein ganzer Körper nach Tomaten riecht. Moni erzählt mir, dass sie morgen nach dem Besuch bei mir zu ihren Eltern fährt. Ach ja, morgen ist Heiliger Abend. Ich plaudere jetzt noch mit Moni. Heute Abend werde ich den Fernseher laufen lassen und ein wenig lesen. Und ich werde die Ruhe genießen, jetzt, wo ich allein im Zimmer bin.

24. Dezember

Das war eine furchtbare Nacht. Ich habe es ohne Schlaftablette versucht, war häufig wach und bin lange nicht mehr eingeschlafen. Bestimmt fünfmal habe ich der Nachtschwester geläutet, da es mir nicht gut ging, ich auch einmal im Kurzschlaf an meinem Halskatheter gerüttelt habe und dann Angst bekam, etwas herausgerissen zu haben. Morgens um 5.30 Uhr hat die Nachtschwester dann einen Abstrich gemacht und ich musste Urin abgeben. Schließlich bekam ich auch noch Durchfall. Es läuft nur noch wässrig, gelb und stinkt, wie in einer Chemiefabrik – unangenehm.

Um 7.30 Uhr stehe ich auf und genieße eine herrliche Dusche. Seit ich von den Schläuchen und dem Medikamentenständer befreit bin, geht das wieder viel besser. Nur auf den Halskatheter muss ich weiterhin achtgeben; das bedeutet beim Haarewaschen den Kopf nach links unten halten und darauf achten, dass kein Wasser den Katheter benetzt. Aber ich bin darin inzwischen geübt. Nach dem Rasieren ein wenig Rasierwasser auftragen, ein frisches T-Shirt anziehen – und schon fühle ich mich wieder ganz gut.

Kaum bin ich fertig, kommt ein Pfleger ins Zimmer und holt das Bett von Heinz, das heißt, er fährt es hinaus. Jetzt hab ich ordentlich Platz hier im Zimmer. Kaum ist der Pfleger mit dem Bett fort, kommt auch schon Schwester Editha zum Messritual. Der Blutdruck ist heute etwas erhöht, Fieber habe ich keines und mein Gewicht beträgt 90,5 Kilogramm, Tendenz fallend. Anscheinend werde ich die Wassereinlagerungen infolge der Chemotherapie und der Medikamentengabe allmählich los.

Und weiter geht es: Schwester Editha hat das Zimmer noch nicht verlassen, als Frau Dr. Schelke eintritt und mir einige Röhrchen Blut abzapft. Auf ihre Frage hin, wie mein Befinden sei und wie es mit der Leistungsfähigkeit stehe, antworte ich: „Alles okay." Daraufhin erklärt sie mir äußerst motivierend: „Denken Sie sich nichts dabei, das kann sich sehr plötzlich ändern. Wenn die Werte dann nach unten gehen, fühlen Sie sich schnell müde und erschöpft." Ich erwidere: „Das will ich aber nicht." Frau Dr. Schelke sieht mich völlig entgeistert an, bis sie bemerkt, dass ich das auf die lustige Art gemeint habe. Sie ringt sich sogar ein gequältes Lächeln ab – na so was. Wenn die Ärztin gleich fort ist, werde ich Moni anrufen, noch eine E-Mail schreiben und dann kommt hoffentlich bald das Frühstück.

Wenn ich daran denke, welchem Stress sich heute am Heiligen Abend viele Menschen aussetzen und wie hektisch es noch überall zugeht, habe ich es hier doch wesentlich ruhiger. Als die Schwester und die Ärztin heute Morgen fort waren, das Frühstück serviert und das Zimmer gereinigt worden war, kehrte Ruhe ein. Ich habe gelesen, Radio gehört und ein Telefonat geführt. Das Mittagessen habe ich mir von der Servicekraft auf den Tisch stellen lassen. Ich will heute nicht am Bett essen, sondern aufstehen und mich ordentlich an den Tisch setzen. Bevor ich zum Tisch hinüber gehe, sehe ich nochmals auf den Speiseplan, der im Nachttisch liegt. Als keimfreie Kost gibt es heute Hackbraten. Das ist doch okay. Also aufstehen, rüber zum Tisch und den Deckel vom Tablett nehmen. Aber was ist das? Das ist doch kein Hackbraten. Das ist irgendeine vegetarische Pampe. Ich sehe nochmals auf den Speiseplan und sehe, dass dieses Essen zumindest nicht unter „keimfreies Essen" aufgeführt ist. Ich ärgere mich und schimpfe über den „Saftladen" vor mich hin. Hören kann mich niemand, ich bin ja allein im Zimmer. Und die Servicekraft, die das Essen gebracht hat, ist auch nicht mehr zu finden. Da ich Hunger habe, esse ich, was auf dem Tablett liegt. Schmecken tut es nicht, wahrscheinlich auch deshalb, weil ich mich auf einen Hackbraten mit Kartoffelpüree so gefreut hatte. Aber so geht das doch nicht! Die können mir hier doch nicht irgendein Essen hinstellen, das ich gar nicht bestellt habe und das vor allem nicht als „keimfreie Kost" angeboten wird. Ich werde mich einfach beschweren, aber nicht bei den Schwestern, die kriegen immer alles ab. Ich lasse mir die Telefonnummer der Küche geben. Ich vermute, die Klinik hat die Verpflegung ausgelagert. Auf dem Speiseplan ist der Name einer Firma aus Heidenheim angegeben.

Da gerade Schwester Editha vorbeikommt, um mein Bett frisch zu beziehen, spreche ich sie auf das Thema an und bitte sie um die Telefonnummer der Küche. „Ich lasse Ihnen heute Nachmittag die Telefonnummer der Küche bringen und ich mache das sehr gern. Die Patienten beschweren sich häufig über das Essen, aber immer nur bei uns Schwestern. Und wenn wir dann in der Küche Bescheid geben, habe ich das Gefühl, die nehmen uns nicht ernst, sondern lassen uns einfach abblitzen. Ich finde es gut, wenn Sie mal direkt dort anrufen und sich beschweren. Vielleicht nützt es und die lassen mehr Vorsicht walten, was gerade bei uns auf der Station sehr wichtig ist", sagt sie. Die Schicht von Schwester Editha ist in Kürze zu Ende, deshalb wünsche ich ihr frohe Weihnachten, als sie mein Zimmer wieder verlässt. Sie wünscht mir das Gleiche und erzählt mir

204

noch, dass sie Weihnachten frei hat und wir uns dann erst nach den Feiertagen wiedersehen werden.

Moni war den ganzen Nachmittag über bis 17.30 Uhr da. Sie hat mir mit ihrer Gesichtsmaske gegenüber gesessen und hat mich unterhalten. Es war recht kurzweilig. Sie hat sogar noch das Abendessen kommen sehen. Es gab Brot, fünf Scheiben Wurst, zwei kleine Essiggurken und eine eingelegte rote Paprikaschote. Mit Sicherheit hat mich Moni nicht beneidet. Sie isst lieber mit ihren Eltern zu Abend. Soviel ich weiß, gibt es dort heute am Heiligen Abend eine Forelle und Gemüse. Dafür habe ich mir heute Nachmittag einen zweiten Muffin organisiert und mir aus der Teeküche eine Tasse Kaffee geholt.

Hier im Krankenhaus, zumindest auf der Station 3/5, läuft der Betrieb an und für sich ganz normal weiter. Patienten, die ihre Chemo benötigen, bekommen diese auch zu Weihnachten und die pflegerischen Aufgaben müssen ebenfalls erledigt werden. Dennoch habe ich das Gefühl, es geht alles etwas ruhiger zu. Auch die Schwester hat mir das bestätigt. Von den 25 Betten auf der Station sind an diesen Tagen nicht alle belegt und schon allein deshalb wird nicht so oft nach den Schwestern geklingelt und dieses penetrante Hupgeräusch ist nicht ständig zu hören.

Ich werde einen ruhigen Abend verbringen. Bei der Abendmessung waren alle Werte einigermaßen okay. Mit Mama und meinen Söhnen werde ich noch telefonieren und ihnen schöne Weihnachten wünschen, mit Moni und ihren Eltern werde ich ebenfalls noch kurz sprechen. Ansonsten wird der Fernseher angeschaltet und gegen 23 Uhr werde ich versuchen, zu schlafen.

25. Dezember

Erster Weihnachtsfeiertag. Mithilfe einer Schlaftablette habe ich für meine Verhältnisse relativ gut durchschlafen können. Gegen 7.30 Uhr war ich duschen. Kurz danach kam die Schwester und hat festgestellt, dass die Werte in Ordnung sind. Das Frühstück war ebenfalls so gut, wie an jedem anderen Tag und ist inzwischen wieder abgeräumt. Jetzt ist genügend Zeit und ich werde meine Beschwerde in der Küche anbringen. „Hier Küche, Frau Karin Schüssler", meldet sich eine Dame. „Guten Tag, ich bin Patient auf der Station 3/5 und habe eine Beschwerde", starte ich und erzähle dann, was mir passiert ist, also dass ich nicht das von mir bestellte und angekreuzte Essen erhalten habe, dass ich keimfreie Kost essen muss, aber ein anderes Essen erhalten habe und dass ich mich darüber geärgert habe. Frau Schüssler entschuldigt sich: „Das tut mir leid. So etwas soll und darf uns nicht passieren. Ich bitte vielmals um Entschuldigung und verspreche Ihnen, dass es künftig funktionieren wird. Wissen Sie, wir haben es schwer an Weihnachten Personal zu bekommen und haben einige Aushilfen eingestellt." Aha, wie in meiner Firma auch, wenn etwas passiert ist, gibt es immer die Ausrede mit dazu. Aber egal, ich habe meine Beschwerde jedenfalls vorgebracht. Inzwischen hat Schwester Rita das Zimmer betreten und den Rest des Gesprächs mitbekommen: „Endlich sagt es der Küche auch mal ein Patient. Das werde ich auf der Station gleich meinen Kolleginnen und den Ärzten erzählen", lobt sie mich. Na dann hab ich mir ja jetzt hier einen Namen gemacht.

Tagsüber war mir langweilig, bis auf den Nachmittag, als Moni zu Besuch kam. Ich bin im Zimmer auf- und abgetigert, habe versucht ein wenig Gymnastik zu machen. Dann war ich mit meinem Mundschutz kurz draußen auf dem Flur und habe mich auf das Ergometer gesetzt, allerdings nur für fünf Minuten, dann ging mir die Puste aus und ich war völlig durchgeschwitzt.

Jetzt, am späten Nachmittag, liege ich auf dem Bett, die Arme wegen des Halskatheters vorsichtig über dem Kopf verschränkt und hänge meinen Gedanken nach. Mir geht es immer noch verhältnismäßig gut, allerdings sind die Werte noch nicht ganz im Keller. Das wird wohl erst in den nächsten Tagen so weit sein. Zehn Tage Krankenhaus am Stück habe ich nun schon hinter mir. Wie viele werden es noch? Spätestens Mitte Januar möchte ich zu Hause sein, aber das ist wahrscheinlich davon abhängig, wie es mir in den nächsten Tagen ergeht. Es heißt ja, dass die Leukozytenwerte ungefähr zehn bis zwölf Tage nach der Stammzelltransplantation wieder ansteigen. Und wenn dann eine gewisse Stabilität erreicht ist und kein Fieber auftritt, kann man zumindest entlassen werden. Vielleicht schaffe ich es ja früher? Zehn Tage nach der Transplantation ist der 2. Januar. Ich nehme mir vor, es schneller zu schaffen und setze mir Neujahr als Zielmarke, einen steigenden

Leukozytenwert präsentieren zu können. Und wenn alles gut läuft, kann ich vielleicht Anfang Januar wirklich schon zu Hause sein.

Es ist schon verrückt: Ich möchte gesund werden und die Therapie mit möglichst wenig Schmerzen hinter mich bringen. Alles andere ist mir egal. Andererseits mache ich mir Gedanken um Kleinigkeiten. Die Themen aber, die mich sonst in meinem Leben, auch im Berufsleben begleiten, wo sind die hin? Bewegen mich noch die Gedanken, dass unser Gesundheitswesen eine Wachstumsbranche ist, mit 215 Mrd. Euro Jahresumsatz? Wohin sind meine Gedanken der Empörung darüber, dass unser Gesundheitswesen immer stärker ökonomisiert wird? Wo sind meine Überlegungen zu den Diskussionen abgeblieben, dass das Gesundheitswesen eben kein normaler Wirtschaftszweig ist, der allein nach den Prämissen von Umsatz und Rendite zu funktionieren hat? Wo ist meine Aufregung darüber geblieben, dass wir auch bei uns in der Krankenkasse den abgeschmackten BWL-Sprech verwenden und den Patienten zum „Kunden" stempeln? Was ist mit meinen Überlegungen zum Spannungsfeld von „Ethik und Monetik", die mich konzeptionell fast zerrissen haben? – Alles weg! Es interessiert mich zurzeit überhaupt nicht. Mein Leben und somit auch meine Gedanken sind vollkommen reduziert auf das, was die Medizin mit mir anstellt. Gleichwohl habe ich einen unbändigen Lebenswillen und deshalb bin ich ungemein egoistisch und denke: Egal, was Medikamente, Krankenhaus und

Ärzte kosten, ich will die richtige und beste Behandlung für mich – Punkt, Schluss, Aus!

Nach dem Abendessen werde ich noch lesen und dann wieder den Fernseher einschalten. Ach ja, natürlich gibt's auch heute Abend noch die Spritzen. Einmal die Neupogen-Spritze um das Wachstum der Zellen zu forcieren und einmal eine Thrombose-Spritze. Wie jeden Tag: alles rein in den Bauch. Meistens klappt das recht gut, zumindest habe ich erst zwei blaue Flecken.

26. Dezember

Zweiter Weihnachtsfeiertag. Um 7.30 Uhr bin ich wieder aufgestanden und ins Bad gegangen. Die Nacht über habe ich etappenweise geschlafen, eine Schlaftablette hat mir geholfen. Aber zwischen drei- und fünfmal muss ich dennoch jede Nacht raus. Und heute Nacht kam dieser unangenehme Durchfall noch dazu: gelb, wässrig, stinkend und schmerzend. Beim morgendlichen Messen habe ich die Schwester informiert und inzwischen schon eine Probe abgegeben – sehr unangenehm. Blut wurde heute Morgen ebenfalls schon abgenommen. Ich bin gespannt auf die Werte. Das Gewicht geht weiter nach unten. Ich bin jetzt schon bei 89 Kilogramm.

Vormittags ist die Langeweile wieder da. Zum Lesen habe ich keine Lust. Ich setze die Kopfhörer auf und höre Radio. Da klingelt das Handy. Meine liebe alte Tante ist dran. „Alt" darf ich bei Tante Lisbeth sagen, sie wird in wenigen Monaten 92 Jahre alt. „Bub, ich wünsche dir frohe Weihnachten. Wie geht es dir denn?", begrüßt sie mich. „Ach Tante, ganz gut. Ich habe alles recht gut vertragen und verkraftet. Du brauchst dir keine Sorgen machen", antworte ich. „Ja, und wie lange musst du dann noch im Krankenhaus bleiben?" „Das weiß ich noch nicht. Es kann aber schon noch ein paar Tage dauern", meine ich. Und dann sagt sie: „Weißt du mein Junge, ich bin ja schon alt und du bist noch jung. Und ich mache mir unheimlich viel Sorgen um dich und ich würde dir so gerne was abnehmen. Ich würde gern mein Leben für deines geben." Oh – jetzt muss ich schlucken. Das geht mir nahe. Es entsteht eine kurze Pause in unserem Telefonat, dann versuche ich cool zu bleiben: „Jetzt mach dir mal keine Sorgen, das wird schon wieder. Und dann feiern wir im Mai deinen 92. Geburtstag mit einem kleinen Fest." Wir wünschen einander nochmals frohe Weihnachten und dann ist das Gespräch beendet. Es ist auch gar nicht so einfach, mit Tante Lisbeth ein Telefonat zu führen, da sie schwerhörig ist. Deshalb schreie ich immer ins Telefon. Und jetzt, wo ich aufgelegt habe, stelle ich fest, wie schön es in diesem Zimmer widerhallt. Ich denke noch einmal darüber nach, was Tante Lisbeth eben gesagt hat. In ähnlicher Form hat mir das meine Mutter auch schon einmal gesagt. Dass man sich so nahe steht, spürt man anscheinend erst in solchen Krisensituationen. Zu „normalen" Zeiten wird darüber nicht gesprochen, jetzt aber schon. Was für ein Erlebnis und Trost für mich.

Heute habe ich mich, schon bevor Moni gegen Abend gegangen ist, bereits ins Bett gelegt. Mir war nicht wohl und ich hatte eiskalte Füße. Heute Morgen waren die Werte noch in Ordnung, aber jetzt habe ich Fieber, oder wie hier im Krankenhaus gesagt wird: „erhöhte Temperatur". Als mir die Schwester die „Abendspritzen" setzt, sagt sie: „38,3 – wir werden das beobachten. Die Nachtschwester wird die Nacht über mehrmals vorbeikommen und messen." Ich habe keine Lust mehr fernzusehen. Obwohl es erst 22 Uhr ist, mache ich das Gerät aus und drehe mich zur Seite. Ob ich heute Nacht schlafen kann?

27. Dezember

Ich habe Fieber. Mir ist manchmal heiß und manchmal kalt. Mir ist schwindlig und mir ist schlecht. Ich fühl mich noch kraftloser und schlapper als ich es ohnehin schon war. Außerdem habe ich Muskelbeschwerden. Wenn ich nach meinem gelben Durchfall alles gereinigt und desinfiziert habe und vor dem Spiegel stehe, sehe ich einen Fremden: Glatze, dünne Arme und Beinchen, die Augen gerötet und in tiefen Höhlen. Ich habe zu nichts mehr Lust und liege nur im Bett. Die Messrituale der Schwestern nehme ich zwar wahr, sie sind mir aber egal.

Nachmittags kommt wieder Moni vorbei, aber auch da liege ich teilweise apathisch im Bett. Unsere Unterhaltung verläuft heute nur stockend. Ich erzähle ihr, dass ich jedes Mal, wenn das Fieber über 38,3 Grad steigt, eine Infusion mit fiebersenkendem Mittel erhalte. In der anderen Flasche, die am Medikamentenständer hängt und an den Halskatheter angeschlossen ist, befindet sich ein Antibiotikum. Und weiter erzähle ich, dass mir heute Morgen Blut abgenommen wurde und Kulturen angelegt wurden, um die Ursache des Fiebers zu finden. Außerdem habe ich die Blutwerte von den Abnahmen am 24. und 26. Dezember erfahren. Während der Leukozytenwert am Heiligen Abend noch bei 4.38 war, ist er am 26. Dezember schon auf 1.7 gefallen. Ich will bald nicht mehr. Ist doch alles sinnlos.

28. Dezember

Fiebertag. Draußen schneit es. Ich fühle mich weiterhin unheimlich schlapp und habe den ganzen Tag im Bett vor mich hin vegetiert. Immer, wenn ich die Infusion mit dem fiebersenkenden Mittel erhalte, geht es mir anschließend einige Zeit besser, da das Fieber nachlässt.

Moni war da und hat versucht, mich etwas aufzumuntern. Und ich habe mitbekommen, dass heute das Skispringen der Vierschanzentournee in Oberstdorf abgesagt werden musste. Schnee und Wind haben das Springen unmöglich gemacht.

Vielleicht geht's mir doch langsam wieder besser. Ich freue mich sogar etwas auf das Abendessen, das gleich kommen muss. Eben habe ich nochmals auf den Speiseplan gesehen. Ich habe für heute Abend als keimfreies Essen Leberkäse mit Senf bestellt. Irgendwie habe ich da richtig Lust darauf. Und schon geht die Tür auf: „Ihr Abendessen ist da. Wo soll ich es denn hinstellen?" „Stellen Sie es bitte auf den Tisch. Ich stehe heute zum Essen auf und setze mich an den Tisch", sage ich. Dann sortiere ich die Kabel vom Medikamentenständer, ziehe das Stromkabel vom Netz und stelle auf Akkubetrieb um. Die Füße raus aus dem Bett und in die Schlappen geschlüpft, dann hinübergehen zum Tisch. Jetzt habe ich gleich so einen schönen braun gebratenen Leberkäse vor mir. Ich hebe den Deckel an und ... Was ist denn das? Da liegen vier Scheiben hellgelber Käse auf einem Teller und das Ganze ist wegen der gebotenen Keimfreiheit mit einer Folie nochmals abgedeckt. Daneben liegt eine Tüte mit mittelscharfem Senf. Ich bin perplex und erstarre. Das kann doch nicht wahr sein! Ich stehe auf, nehme den Medikamentenständer in die Hand und marschiere zur Tür, um die Servicekraft zu rufen. Ohne Mundschutz gehe ich hinaus auf den Flur. Die Servicekraft kommt gerade aus dem Zimmer gegenüber. „Liebe Frau, kommen Sie mal mit mir", platzt es aus mir heraus. Erschrocken über meine ärgerliche Stimme kommt sie mit und ich zeige ihr das mir gelieferte Abendessen. „Ich habe Leberkäse mit Senf bestellt und bekomme Käse mit Senf. Das ist die Höhe! Das lasse ich mir nicht bieten." Kleinlaut entschuldigt sich die Servicekraft: „Tut mir leid. Ich nix wissen. Küche schuld. Da lauter Aushilfen." Und weiter: „Ich mich kümmern und gehe gleich in Küche." „Und nehmen Sie das hier gleich alles mit, das will ich nicht", fordere ich sie auf.

Eine halbe Stunde später habe ich meinen Leberkäse doch noch erhalten – und seit Tagen hat mir ein Essen mal wieder geschmeckt. Jetzt will ich noch etwas fernsehen, bekomme aber wieder Fieber. Wenn ich gleich die Spritzen erhalte, bitte ich die Schwester um eine Schlaftablette und versuche zu schlafen.

29. Dezember

Ein grausamer Fiebertag. Mir geht es schlecht. Heute Morgen habe ich im Bad festgestellt, dass ich jetzt auch noch einen Ausschlag am Rücken habe, lauter rote Punkte. Und die restlichen ganz kurzen Haare gehen mir auch noch aus. Alles ist voll kurzer grauer Stoppelhaare: das Kopfkissen, das Handtuch, das T-Shirt. Draußen schneit es weiter.

Die Ärztin ist da und informiert mich, dass durch die Anlage von Kulturen ein Keim gefunden werden konnte. „Sie haben Haufenkokken", sagt Frau Dr. Schelke. „Was ist denn das?", frage ich. „Das sind regellos sich nach mehreren Richtungen hin vermehrende Staphylokokken. Also runde, weintraubenähnlich angeordnete Bakterien, die die Haut und die Schleimhäute befallen", erklärt sie mir. Und weiter: „Die Ursache für diesen Keim sind oft länger anliegende Katheter. Ihr ZVK liegt schon seit dem 15. Dezember an, deshalb werden wir ihn nachher entfernen und eine Nadel am Arm legen. Sie bekommen jetzt ein zweites Antibiotikum, um diese Haufenkokken spezifisch zu bekämpfen." Ich sage Frau Dr. Schelke, dass ich am Rücken einen Ausschlag habe.

Sie sieht sich das an, geht aber nicht weiter darauf ein. Und ich bin auch zu schlapp, um noch weiter nachzufragen.

Das zusätzliche Antibiotikum habe ich schon bekommen. Es ist kurz vor Mittag und es klopft an der Tür. Frau Dr. Schelke tritt wieder an mein Bett: „Ich habe Ihre Blutwerte von der Blutabnahme heute Morgen aus dem Labor erhalten. Ihr Leukozytenwert ist jetzt auf 0,08 gesunken." Dann ist es jetzt so weit, wie mir angekündigt wurde. Deshalb fühle ich mich schlecht und bin so kaputt und schlapp. Deshalb fallen solche Bakterien wie diese Haufenkokken über mich her, von denen ich vorher noch nie etwas gehört habe. „Auch Ihre Thrombozytenwerte sind weit unten, nämlich bei nur noch 7.000. Die Blutungsgefahr ist so hoch, dass wir Ihnen gleich noch eine Infusion mit Thrombos geben", führt Frau Dr. Schelke weiter aus. „Aber zuerst entferne ich Ihnen den Halskatheter und lege eine Nadel am Arm."

30. Dezember

Mir geht es schlecht. Die Leukozyten sind auf 0,06 gefallen, also nahezu null. Auch mein Gewicht fällt weiter und liegt inzwischen bei 85 Kilogramm. Das Fieber ist etwas zurückgegangen. Ich habe Nasenbluten. Erstmals in meinem Leben erhalte ich eine Bluttransfusion, da der HB-Wert zu niedrig ist. Dann bekomme ich nochmals eine Thromboinfusion, weiterhin Antibiotika und eine Anzahl von Tabletten, bei denen ich jeden Überblick verloren habe.

Heinz ist heute in die Klinik zurückgekehrt. Ich liege apathisch im Bett und bekomme alles nur im Nebel mit. Er wird von seiner Familie begleitet, die ihm hilft und ihn stützt. Er ist sehr schwach, hatte aber schöne Tage an Weihnachten zu Hause. Beim „Einchecken" im Zimmer bricht er zweimal zusammen. Ab morgen soll er wieder Chemo bekommen.

Ich bin glücklich, wenn jeden Nachmittag oder Abend Moni vorbeikommt. Das ist etwas Abwechslung für mich und die einzige Verbindung zum Leben außerhalb dieses Zimmers. Die Tage des Wartens, bis die Werte hoffentlich wieder ansteigen, sind grausam. Das tagelange Fieber macht mich schlapp und kaputt. Aber nach außen hin, z. B. wenn ich telefoniere, zeige ich nicht, dass mich das zermürbt. Nur Moni merkt das natürlich. Aber ich stehe das durch. Ich bin doch auf der Zielgeraden.

31. Dezember

Das war eine unruhige Nacht. Heinz geht es nicht gut; er ist oft aufgestanden und war sehr unruhig. Es ist doch ein Unterschied, ob man allein im Zimmer liegt, oder zu zweit. Auf der anderen Seite ist es herrlich, wieder einen „Partner und Freund" im Zimmer zu haben, reden zu können, sich einander etwas zu erzählen und sich gegenseitig etwas zu helfen.

Ich habe immer noch erhöhte Temperatur und bin inzwischen so schlapp, dass ich mich erst einmal setzen und erholen muss, wenn ich aus der Dusche komme. Und wenn die Morgentoilette so einigermaßen geschafft ist, bin ich froh, wieder im Bett zu liegen. Durchfall, Ausschlag, dunkle Augenhöhlen, Schlappheit, Unwohlsein – bin ich das?

Moni ist da und als Erstes muss ich ihr die positive Nachricht erzählen, die ich von der Ärztin heute erhalten habe: „Stell dir vor, die Ärztin sagte, es gibt erste Anzeichen, dass die Werte nach oben gehen. Der Leukozytenwert ist von 0,06 auf 0,08 gestiegen." Moni freut sich mit mir und ich erzähle ihr, dass ich mir fest vorgenommen hatte, dass es ab Neujahr aufwärts geht. „Und so wie es aussieht, erreiche ich dieses Ziel", lächle ich sie an. „Das wäre schön, aber setze dich bitte nicht so unter Druck. Wenn es etwas länger dauert, ist das nicht schlimm. Es hieß ja, dass in der Regel zehn bis zwölf Tage vergehen, bis die Werte wieder ansteigen. Und heute haben wir erst den achten Tag." „Na gut", meine ich, „ich habe eben keine Geduld mehr. Ich habe das alles hier so satt. Ich habe so einen starken Wunsch nach einem ganz normalen einfachen Leben. Ich wünsche mir, die Kraft zu haben, ein wenig Sport zu treiben und mich normal zu ernähren, also nicht mehr diese blöde keimfreie Kost zu mir zu nehmen." Wir wechseln das Thema, damit ich mich nicht noch mehr in den Frust hineinrede.

Beim Verabschieden wünschen wir einander einen guten Rutsch ins neue Jahr. Ich habe mein Tief überwunden und bin wieder etwas besser bei Laune. Das Fieber sinkt laut Messung weiterhin. Heinz und ich quasseln abends, bis wir müde sind. Nach der Silvesterknallerei heute Nacht werde ich eine Schlaftablette nehmen.

1. Januar

Heute an Neujahr bin ich etwas später aufgestanden. Es war schon fast acht Uhr, als ich erschöpft aus dem Bad kam. Selbst das Duschen strengt mich unheimlich an. Als ich mich davon etwas erholt habe, erscheint Frau Dr. Schelke zur Blutabnahme. Kaum hat sie ihre Röhrchen mit Blut gefüllt, ist wieder weg. Nun steht Schwester Editha im Zimmer, um das Messritual vorzunehmen. Und siehe da: „36,2 – Ihr Fieber ist weg", höre ich. „Jaaa!", rufe ich. „Hast du gehört Heinz? Mein Fieber ist weg." Und Heinz antwortet: „Glückwunsch, das ist ja super." Die Nachricht, dass ich fieberfrei bin, führt dazu, dass mir sogar das Frühstück besser schmeckt. Zum ersten Mal habe ich wieder mit Appetit gegessen. Ich liege auf dem Bett und höre Radio. Nebenbei schicke ich Moni, Mama, Tante und meinen Jungs eine SMS mit der guten Nachricht.

Um zehn Uhr kommt die Ärztin noch mal zu mir ans Bett: „Ich habe eine gute Nachricht für Sie. Ihre Werte steigen. Die Leukozyten sind auf 1,27. Wir werden morgen bei der Visite besprechen, ob Sie am Wochenende entlassen werden können." Wow, das neue Jahr fängt ja gut an. Das Fieber ist weg und die Werte steigen – super! Ich bin in Hochstimmung und reiße vor Freude die Arme in die Höhe. „Frau Doktor, Sie machen mich glücklich. Ich könnte die ganze Welt umarmen." Und zum ersten Mal sehe ich Frau Dr. Schelke lächeln, bevor sie das Zimmer verlässt. Heinz beglückwünscht mich heute zum zweiten Mal und er meint das ehrlich. Er freut sich mit mir, obwohl er selbst wieder an der Chemo hängt. Und ich muss jetzt gleich noch mal eine SMS an meine Lieben schicken. Moni aber werde ich sofort anrufen.

„Ich konnte es gar nicht glauben, als du mich heute Vormittag angerufen hast. Ich dachte, du musst mindestens bis Mitte Januar in der Klinik bleiben. Und jetzt gibt es die Chance, dass du am Wochenende schon hier rauskommst", freut sich Moni. Wir sitzen einander gegenüber, wie seit Wochen jeden Tag: Moni in gebotenem Abstand auf dem Stuhl mit Mundschutz, ich auf dem Bett, die Füße hochgelegt. „Weißt du, ich kann es noch gar nicht glauben, dass es so ist, dass jetzt alles hinter mir liegt: die Chemozyklen, die Hochdosis-Chemo und die Stammzelltransplantation – Wahnsinn. Ich bin so froh und glücklich", erwidere ich. „Aber mach langsam. Dein Körper hat einiges mitgemacht. Du bist noch schwach und musst dir Zeit geben", warnt mich Moni. Sie hat ja recht, aber momentan ist einfach so ein Glücksgefühl da und ich meine, schon wieder Bäume ausreißen zu können – aber nur, solange ich im Bett liege.

2. Januar

Heute war ein Krankenhaustag wie viele andere vorher, mit den üblichen Abläufen. Bei der Visite, bei der heute Professor Kellner dabei ist, werde ich informiert, dass das Antibiotikum nun oral gegeben wird. Das bedeutet, es gibt keine Infusion mehr. Auch darüber freue ich mich riesig. Wieder ein Schritt voran ins normale Leben. Und dann spricht Professor Kellner diesen für mich so wichtigen Satz: „Ihre Leukozytenwerte sind heute schon auf 3,62 gestiegen. Wenn wir die Medikation heute entsprechend umstellen, können Sie morgen Vormittag entlassen werden."

3. Januar

Es ist Samstag. Mit zittrigen Beinen stehe ich vor der Klinik und steige ins Auto. Moni bringt mich nach Hause. Unbeschreiblich ist dieses Gefühl, zum ersten Mal seit dem 15. Dezember wieder draußen zu sein – und zu wissen, das Schlimmste liegt nun hinter mir. Jetzt geht es nur noch darum, wieder fit zu werden. Es ist kalt. Die Temperatur liegt knapp über null und es fällt Schneeregen. Aber für mich gibt es gar kein schlechtes Wetter, nur dieses Glücksgefühl.

Frau Dr. Schelke hat zuvor noch das Entlassungsgespräch mit mir geführt. Zwei Medikamente muss ich noch weitere zehn Tage lang einnehmen, jeweils morgens und abends: einmal Linezolid 600 mg, ein Antibiotikum, und zum anderen Ciprofloxacin, ebenfalls ein

Antibiotikum. Das Letztere wird auch bei Blutvergiftungen gegeben. Angeblich hatte ich durch den Halskatheter eine Blutvergiftung, was ich bis heute gar nicht wusste. Weitere Medikamente muss ich noch drei Monate lang einnehmen. Es handelt sich um Pantoprazol, Valaciclovir und Cortim forte. Dies sind die Medikamente für den Magen, gegen Viren und gegen Bakterien, die ich schon über die gesamte Laufzeit der Therapie einnehme. Außerdem sollen regelmäßig, und zwar einmal pro Woche, Blutbildkontrollen erfolgen. Auch weitere Termine wurden mir genannt: am 21. Januar ein Gespräch mit Professor Pegel und am 6. Februar ein Staging-CT. Am 9. Februar soll das Ergebnis der Computertomografie dann besprochen werden.

Als das Arztgespräch zu Ende war und ich mich umgezogen hatte, gab es noch einen sehr emotionalen Abschied von Heinz. „Ich freue mich für dich, dass du nach Hause kannst. Aber ich werde dich sehr vermissen. Irgendwie hatte ich mich so an dich gewöhnt. Und wir haben uns so super verstanden. Deshalb ist es auch schade, dass du gehst", sagt er. Auch wenn das auf dieser Station unerwünscht ist, haben wir uns die Hand gegeben. Heinz hat geweint und sich dann zur Seite gedreht, als Moni kam, um mich abzuholen. Wir haben einander versprochen, in Verbindung zu bleiben. Dann habe ich ihn mit seinem Medikamentenständer und seinen Infusionen allein zurückgelassen.

VII. Die Zeit danach

Ist das herrlich zu Hause – diese Ruhe! Es kommen nicht laufend Ärzte, Schwestern oder Pfleger ins Zimmer. Wir können ohne Mundschutz miteinander reden. Ich kann in Ruhe telefonieren. Ich kann im eigenen Badezimmer duschen. Wenn wir etwas essen, ist der Tisch schön gedeckt und es schmeckt wesentlich besser, als in der Klinik, obwohl wir bei den Speisen noch achtgeben, dass es keimfreie Kost ist. Das bedeutet beim Frühstück die kleine abgepackte Marmelade zu verwenden, die es oft in Hotels gibt, ebenso die klein portionierte Butter. Wurst gibt es in Konservendosen und beim Fleisch achten wir darauf, dass alles gut durchgebraten oder gekocht ist. Es gibt keine Petersilienkartoffeln, keine frischen Salate und auch keine Pralinen oder Nüsse.

Ich trinke weiterhin tagsüber sehr viel, um, wie ich mir einbilde, die Chemie, die meinen Körper aufgeschwemmt hat, wieder auszuspülen. Deshalb musste ich vergangene Nacht viermal aufstehen und bin dann schlecht wieder eingeschlafen. Überhaupt dachte ich mir, dass es mit dem Schlafen zu Hause besser funktioniert. Das ist jedoch nicht der Fall.

Heute ist Sonntag. Es ist weiterhin kalt, bewölkt und schneit immer wieder. Trotzdem möchte ich jetzt nach dem Mittagessen gern draußen spazieren gehen, wenigstens eine halbe Stunde. Mehr schaffe ich wahrscheinlich noch gar nicht. Warm anziehen, Mütze auf und dann raus an die frische Luft.

Hat das gut getan, mal wieder im Freien gewesen zu sein und sich etwas bewegt zu haben. Aber nun bin ich müde und muss mich, auch wenn das für mich völlig ungewöhnlich ist, auf die Couch legen, einfach mal Ruhe geben und nichts tun. Nicht lesen, nicht fernsehen – nichts tun. Es wird schon wieder aufwärts gehen, jetzt, wo ich aus der Klinik raus bin.

5. Januar

Ich dachte, wenn ich aus der Klinik entlassen bin und die Therapie hinter mir liegt, dann ist alles wieder gut. Dem ist jedoch nicht so. Gestern bin ich nach dem Spaziergang nicht mehr von der Couch hochgekommen, so erledigt war ich. An Durchschlafen ist weiterhin nicht zu denken und ich habe nach wie vor Durchfall. Zwischendurch quält mich immer noch der Schluckauf, der mich in den vergangenen Monaten immer wieder heimgesucht hat. Da ich mich so schlapp fühlte, habe ich gestern Abend Temperatur gemessen (37,4 °C) und ich werde den Rat von Moni befolgen und dies die nächsten Tage morgens und abends weiterhin tun.

Heute Vormittag fühle ich mich wieder etwas besser als gestern. Ich will versuchen, einen einigermaßen normalen Tagesablauf hinzubekommen. Das heißt zunächst morgens aufstehen, wenn Moni zur Arbeit geht. Der Blutdruck war heute niedrig, der Puls sehr hoch. Der Durchfall hat mich heute Morgen ebenfalls geplagt. Nach dem Frühstück sitze ich am Schreibtisch, erledige einige schriftliche Dinge und telefoniere mit meinem Büro. Ich bitte darum, mir ab jetzt die wichtigsten Dinge wieder zuzuschicken.

Bis jetzt ging es gut, doch nun am Spätnachmittag, als Moni von der Arbeit kommt, fühle ich mich wieder schlapp und bin sehr müde. Gott sei Dank habe ich kein Fieber, nur etwas erhöhte Temperatur. Noch eine Kleinigkeit essen, meine Tabletten nehmen und ab auf die Couch.

6. Januar

Heute ist Feiertag in Bayern. Es ist kalt und neblig. Laut Wetterbericht soll ab Mittag die Sonne scheinen. Heute Morgen bin ich mir mit der Hand über den Kopf gefahren, um zu fühlen, ob die Haare vielleicht schon wieder wachsen. Aber da ist noch gar nichts zu spüren.

Tagsüber ging es mir wieder gut, doch abends fühle ich mich schlecht. Moni bringt mir das Fieberthermometer – und siehe da: 37,8 °C, also etwas höher als sonst. Und das spüre ich entsprechend an meiner Schlappheit, Antriebslosigkeit und Müdigkeit. Dazu kommt noch die Klinikphobie, da ich ab einem Wert von 38,5 Grad unbedingt die Notaufnahme aufsuchen soll. Morgen bin ich bei der Hausärztin, um mein Blutbild kontrollieren zu lassen. Mal sehen, wo die Blutwerte mittlerweile stehen.

Das waren zwei schlimme Wochen für mich. Ich hatte nicht den Eindruck, dass es mir stetig besser geht und meine Genesung Fortschritte macht. Es war eher ein ständiges Auf und Ab. Die Vormittage waren immer einigermaßen passabel, manchmal ohne Temperatur, manchmal etwas über 37 Grad. Doch an den Nachmittagen und Abenden war mir stets zumute, als würden mir die Füße weggezogen. Dabei stieg die Temperatur oft an, den einen Tag auf 37,6 Grad. Wenn ich dann am Tag darauf denke, jetzt sinkt die Temperatur wieder, habe ich am nächsten Abend sogar über 38 Grad und große Angst, bei weiterem Anstieg die Klinik aufsuchen zu müssen.

Die Blutwerte sind ebenfalls noch nicht in Ordnung. Die Hausärztin, Frau Dr. Scheibner, erklärte mir dazu: „Das dauert seine Zeit. Sie müssen sich mal vorstellen, was in ihrem Rückenmark da vor sich gegangen ist. Da ist alles kaputtgemacht worden und das muss sich erst allmählich wieder aufbauen." „Ja", sage ich, „aber Frau Doktor, als ich aus dem Krankenhaus entlassen wurde, da waren die Werte doch schon wesentlich besser. Der Leukozytenwert war schon im Normalbereich bei über 7.000 und jetzt ist er wieder gesunken und schwankt zwischen 2.700 am 7. Januar und 2.200 am 12. Januar, bis heute, wo er nun bei 3.100 liegt." Was ich dabei nicht bedacht habe und was mir Frau Dr. Scheibner dann erklärt, ist die Tatsache, dass ich im Krankenhaus täglich Spritzen bekommen habe, die das Wachstum der weißen Blutkörperchen unterstützt haben. Nun aber muss der Körper das alles wieder allein einpegeln.

Vorgestern ist meine Tante Lisbeth gestorben. Bis vor zwei Wochen war sie mit ihren fast 92 Jahren noch fit. Dann hat sie sich eine Lungenentzündung zugezogen und alles ging ganz schnell. Ich erinnere mich gut an das, was sie mir zu Weihnachten gesagt hat: „Ach wenn ich doch mein Leben für dich geben könnte!" – Lieber Gott …

21. Januar

Heute um 9.30 Uhr steht der Termin bei Professor Pegel an. Moni wollte unbedingt mitgehen, da ich noch immer Fieber habe und teilweise am Abend Paracetamol einnehme, um besser schlafen zu können. Bevor das Gespräch begann, wurde schon Blut abgenommen und jetzt sitzen wir beide dem Professor gegenüber. „Wie geht es Ihnen?", werde ich gefragt. „Naja, noch nicht so, wie ich mir es wünsche." Ich berichte ihm von meiner Schlappheit und Lustlosigkeit, und dass ich jeden Tag erhöhte Temperatur habe, dass mein Allgemeinbefinden schwankt, dass es mir den einen Tag besser geht, den nächsten Tag dann wieder schlechter. „Machen Sie sich da nicht zu viele Gedanken. Das ist nach dieser Therapie normal und wird womöglich schon noch einige Zeit andauern. Aber Ihre Werte sind gut, ich bin da sehr zufrieden. Und Sie werden sehen: Wir machen am 6. Februar pro forma noch ein CT, aber da wird nichts mehr sein. Das Ergebnis besprechen wir am 9. Februar und dann denke ich gehen wir in die normale Nachsorge über. Das bedeutet, dass wir uns dann erst nach drei Monaten wieder sehen."

Die Worte des Professors beruhigen Moni und mich sehr. Ich muss wohl einfach mehr Geduld aufbringen. Trotzdem werde ich schon mal planen, wann ich meine Arbeit wieder aufnehme. Das muss doch gehen, wenn ich mich zusammenreiße.

22. Januar bis 8. Februar

Seit sich Ende Januar meine Körpertemperatur wieder normalisiert hat, geht es mir Tag für Tag besser. Ich fühle mich schon etwas kräftiger, mache fast jeden Morgen Fitnessübungen, gehe viel an die frische Luft und spazieren. Joggen geht noch nicht. Immer wieder überfällt mich zwischendurch wie aus heiterem Himmel eine Antriebslosigkeit und ganz intensive Müdigkeit. Ich kann aber dennoch nicht schlafen. Dafür gibt es den Fachbegriff „Fatigue" aus dem Französischen, der diesen Zustand bei Krebspatienten nach einer Chemo beschreibt. Auch sonst habe ich mit ein paar Dingen zu kämpfen, wie z. B. einer empfindlichen Haut und noch immer nicht wachsenden Haaren. Jeden Tag gehe ich mit dem Gesicht ganz nah an den Spiegel und fahre mir mit der Hand über den Kopf, ob nicht doch schon einige Haare zu sehen oder zu spüren sind.

Meine Arbeitsplanung habe ich aufgenommen und bereits mit meinem Vorstandskollegen und dem Verwaltungsratsvorsitzenden besprochen. Am Montag, dem 16. Februar, findet eine Sitzung in Frankfurt statt. Daran werde ich teilnehmen und nach der Sitzung nach Hannover weiterfahren, sodass ich am Dienstag den ersten Tag wieder im Büro bin und alle weiteren Termine planen und abstimmen kann. Und ab da bin ich wieder im Geschäft. Bis dahin werde ich schon so weit bei Kräften sein, dass es reicht.

Letzten Montag war ich zum ersten Mal wieder „unterwegs" – allerdings zu dem traurigen Anlass der Beerdigung von Tante Lisbeth. Die Kraft hat gereicht für hundert Kilometer Autofahrt, Beerdigungsfeier, das Schütteln vieler Hände und das Führen vieler Gespräche. Am Abend war ich dann völlig ausgepumpt und leer.

Am vergangenen Freitag war ich bei der angesetzten Computertomografie. Inzwischen kenne ich auch diese Abläufe: Anmelden, Formular ausfüllen, eine Stunde warten und Flüssigkeit trinken, kurzes Arztgespräch, Nadel setzen für das Kontrastmittel und dann ab in die Röhre. Es hat alles geklappt und morgen wird das Ergebnis beim Professor besprochen. Er wird mir sicher sagen, dass alles in Ordnung ist und ich erst in drei Monaten wieder zur Nachsorge kommen muss.

9. Februar

„Wir haben die Computertomografie diesmal auf den ganzen Körper einschließlich des Kopfes ausgedehnt. Es ist wie beim letzten CT zwischen dem zweiten und dritten Zyklus alles in Ordnung. Allerdings ist im

Kopf auf den Bildern eine Läsion, also eine Art Verletzung zu sehen, und das sollte noch abgeklärt werden", erläutert mir Professor Pegel bei unserem Gespräch. „Na gut, wie wird das denn abgeklärt?", frage ich. „Wir werden vom Kopf eine Magnetresonanztomografie, kurz: MRT machen lassen, dann können wir genau sagen, worum es sich handelt", ist die Antwort. „Herr Professor, ich beginne am kommenden Montag wieder zu arbeiten. Ist es denn möglich, diese Untersuchung möglichst schnell noch in dieser Woche durchzuführen?", ist meine nächste Frage. Nach einem Telefonat seiner Sekretärin teilt mir der Professor mit: „Kommen Sie gleich übermorgen um neun Uhr und gehen Sie zur Anmeldung drüben im Haupthaus beim Röntgen. Dann können wir am nächsten Tag das Ergebnis besprechen." Sehr gut, dann kann ich meine Planungen so stehen lassen und nächsten Montag zur Sitzung nach Frankfurt fliegen.

12. Februar

Heute ist Weiberfastnacht. Zumindest habe ich das eben im Radio gehört. Ich sitze zu Hause am Schreibtisch und erledige noch einige schriftliche Angelegenheiten und schreibe einige E-Mails. Ich bin so vertieft, dass ich fast erschrecke, als das Telefon klingelt. Auf dem Display steht eine Münchener Nummer. Ich melde mich und höre: „Hier ist das Sekretariat von Herrn Professor Pegel. Möchten Sie noch einen Termin mit dem Herrn Professor vereinbaren, um das Ergebnis der

MRT-Untersuchung zu besprechen?" „Wenn es möglich ist, könnten wir das gleich am Telefon besprechen? Dann muss ich nicht noch mal vorbei kommen", erwidere ich. Und schon ist der Professor am Telefon: „Jetzt haben wir Gewissheit. Was wir beim CT als Läsion bezeichnet haben, hat sich aufgrund der MRT-Untersuchung als Meningeom herausgestellt", höre ich. „Was ist denn das Herr Professor?" „Ein Meningeom ist ein Tumor im Kopf …" Professor Pegel spricht weiter, aber ich höre das nicht mehr. In meinem Kopf dreht sich alles. Ich weigere mich, seine Diagnose anzuerkennen und unterbreche ihn: „Herr Professor, das geht doch gar nicht. Ich hatte doch Chemotherapie, sogar Hochdosis-Chemo, dann kann doch da kein Tumor auftauchen." Von seiner Antwort nehme ich nur Wortfetzen wahr: „… meistens gutartig … wächst meist langsam … sollte möglichst bald operativ entfernt werden …" Seine Empfehlung lautet schließlich, ich soll umgehend einen Termin in der Neurochirurgie bei Professor Meister vereinbaren.

Ich stehe völlig neben mir. Mir ist heiß, ich habe einen Schweißausbruch und schlage die Hände vor das Gesicht. Das geht doch nicht. Nicht schon wieder ich. Jetzt soll ich mich operieren lassen, wo ich doch vom Krebs geheilt bin und ab nächste Woche wieder arbeiten will. Ich rufe Moni an und informiere sie über das, was der Professor mir eben gesagt hat. Sie ist ebenfalls völlig perplex und kann es nicht glauben. Moni bricht ihre Arbeit ab und kommt sofort nach Hause, um mir beizustehen.

Als Moni heute Mittag nach Hause kam, haben wir uns zusammengesetzt und sind alles, was mich heute an Informationen erreicht hat, nochmals durchgegangen. Wir haben uns per Internet anhand der *Wikipedia* informiert, was ein Meningeom ist. Allmählich finde ich nach dem Gefühlschaos und der Niedergeschlagenheit wieder zu meiner normalen Fassung zurück: „Lass uns eine Tasse Kaffee trinken und dann werde ich meine Mutter, Markus und Stefan informieren. Als Nächstes versuche ich so schnell wie möglich einen Termin für ein Gespräch mit Professor Meister in der Neurochirurgie zu vereinbaren", sage ich zu Moni.

13. Februar

Gleich am nächsten Dienstag habe ich den Termin in der Neurochirurgie. Das bedeutet allerdings auch, dass meine Planung, am Montag wieder die Arbeit aufzunehmen, nicht machbar ist. Die entsprechenden Telefonate und Absagen habe ich gestern geführt.

17. Februar

Wäre mir dieses Meningeom nicht dazwischen gekommen, hätte ich gestern schon bei der Sitzung in Frankfurt dabei sein und heute in Hannover an meinem Schreibtisch sitzen können. So aber warte ich wieder mal hier in der Klinik, bis ich aufgerufen werde. Die in unserem bürokratischen Gesundheitssystem stets notwendigen Formalitäten für die Anmeldung sind erledigt. Moni hat sich frei genommen, sitzt nun neben mir und wartet ebenfalls.

Eine halbe Stunde hat es mal wieder gedauert, bis wir aufgerufen wurden. Dann hat uns zuerst eine Ärztin erläutert, dass die Operation zur Entfernung des Meningeoms möglichst bald erfolgen sollte. Innerhalb der nächsten vierzehn Tage wollte sie bereits einen Termin festlegen, dann aber kam Professor Meister persönlich und erläuterte uns nochmals alles ganz genau. Er zeigte mir auch die MRT-Bilder am PC: „Das Meningeom sitzt hier vorne rechts, ist aber noch klein und wächst mit Sicherheit sehr langsam." Ich schildere ihm nun mein Problem: „Wissen Sie Herr Professor, ich wollte seit gestern wieder arbeiten und jetzt kommt das hier. Ich musste mein Vorstandsamt aufgrund der Chemotherapie und Stammzelltransplantation ruhen lassen und es war vorher bereits geregelt, dass ich Mitte dieses Jahres aus dem Beruf aussteige. Schon allein deshalb ist es mir wichtig, zur korrekten Übergabe an meinen Nachfolger im Amt noch einmal tätig zu werden", kläre ich ihn auf. Und zu meiner bzw. unserer Überraschung antwortet der Professor: „Wir können diese Operation auch nach dem 30. Juni durchführen. Ich sehe da kein Risiko. Das Meningeom ist nur ein Zentimeter groß, es liegt günstig und ist nirgendwo eingewachsen. Sie haben ja auch keine neurologischen Ausfälle. Außerdem denke ich, dass es gut ist, wenn Sie bis dahin wieder voll genesen und die Blutwerte stabiler sind. Momentan sind Sie aufgrund Ihrer Therapie noch immunsupprimiert." Da bin ich doch beruhigt und bestätige dem Professor gleich: „Dann machen wir das so: Ich lasse mich gleich Anfang Juli von Ihnen operieren." „Gut, zwischendurch, also in drei Monaten etwa, werden wir noch eine Verlaufskontrolle mit einem erneuten MRT machen. Dazu bitte ich Sie, gleich vorn im Büro einen Termin zu vereinbaren. Ich wünsche Ihnen alles Gute. Bis demnächst", verabschiedet sich Professor Meister. Der Mann ist eine Kapazität auf dem Gebiet der Neurochirurgie und ich bin froh, von ihm behandelt zu werden. Auch Moni hat da gleich Vertrauen gefasst.

Und was mir wichtig ist: Ich habe jetzt Ruhe bis Mitte des Jahres und kann wieder in mein „normales" Leben zurückkehren. Nur bis Ende März muss ich noch Tabletten nehmen, einmal pro Woche ein Blutbild machen lassen und in drei Monaten werde ich dann wieder zum MRT erscheinen.

23. Februar

Ich bin wieder im Büro, trage Anzug und Krawatte, anstelle eines Krankenhaushemdes – ein gutes Gefühl. Endlich sind die Gedanken wieder woanders, als bei Krebszellen im Körper, Infusionen, Nebenwirkungen, Krankenhaus, Fieber und Blutwerten.

12. Mai

Heute steht die Kontrolluntersuchung des Meningeoms an. Ich habe mir dafür Urlaub eingeplant, nachdem ich inzwischen wieder voll im Beruf integriert bin. Viel ist passiert, seit meinem Neustart im Februar. Bei den ersten Begegnungen mit meinen Kolleginnen und Kollegen wurde mir nochmals deutlich, dass einige mit der Krankheit Krebs Probleme haben und nicht so recht wissen, wie mit einem Betroffenen umzugehen ist. Einige haben mir mitgeteilt, sie hätten meinen Wunsch verstanden, während der Therapie keinen Kontakt zu haben, und sich daran gehalten, obwohl es ihnen schwergefallen sei. Einige sprechen das Thema gar nicht erst an und einige erkundigen sich nach der Therapie und vor allem danach, wie es mir jetzt geht.

Bei vielen Gelegenheiten spüre ich, dass mir noch die Kraft fehlt. Wenn sich ein Workshop über zwei Tage hinzieht, wenn die 125-Jahrfeier des Unternehmens gefeiert wird, wenn Sitzungswochen in Berlin oder Hannover anstehen und mich diese verflixte Müdigkeit plötzlich überkommt, fällt es mir schwer, mir nichts anmerken zu lassen.

Wenn sich dann noch Journalisten in dummer Art und Weise über Krankenkassen auslassen, kommt auch noch der Ärger darüber hinzu. „Die Warnungen der Kassen vor einem Beitragsanstieg sind taktisch motiviert", steht zum Beispiel in den Zeitungen und ich frage mich, ob die Journalisten unser zugegeben komplexes Krankenversicherungssystem überhaupt noch verstehen. Wenn neue Gesetze im Sozialbereich verabschiedet werden, dann hat das, sofern es sich nicht um ein Kostendämpfungsgesetz handelt, immer mit Kostensteigerungen zu tun. Und woher soll das Geld kommen, außer vom Beitragszahler? Dabei ist es fast egal, ob die Anpassungen durch Anhebung des Beitragssatzes, der Steuern oder der sonstigen Abgaben vorgenommen werden. Und davor müssen die Krankenkassen warnen, bevor die Klagen über höhere Kosten und Beiträge von allen Seiten einsetzen. Dann ist jedoch auch darauf hinzuweisen, dass es für den Beitragszahler nicht so schlimm ist, so lange er die Möglichkeit hat, zu einer günstigeren Kasse zu wechseln. Die Verbreitung von Nichtwissen aber bei zugleich arroganter Haltung hat nichts mehr mit journalistischer Sorgfaltspflicht zu tun. Wir befinden uns in Deutschland nun mal in einem geschlossenen System, und wenn eine Krankenkasse günstiger ist, muss die andere teurer sein. Unabhängig davon, dass mehr als 200 Mrd. Euro jährlich über einen ungerechten und falschen Verteilungsschlüssel auf die Krankenkassen aufgeteilt werden und damit auch den Beitragssatz der Kasse beeinflussen, kümmern sich Krankenkassen teilweise nicht mehr um Versorgungsforschung, kümmern sich nicht mehr darum, dass die Pharmaindustrie entsprechende Krebsmittel zur Verfügung stellt und ähnliche, nur um einen günstigen Beitragssatz anbieten zu können. Und wir sind inzwischen zum *Homo calculatus* mutiert und sehen als Versicherte auch nur noch den günstigen Beitragssatz und ob eine Krankenkasse allen Schnickschnack bezahlt. Aus meiner Sicht – und ich habe es selbst erlebt – ist es das Wichtigste, bei schweren Erkrankungen eine Krankenkasse zu haben, die die Kosten für die notwendige wissenschaftlich fundierte und leitliniengerechte Therapie übernimmt und sich auch dafür einsetzt. Darüber sollten Journalisten mal berichten und uns auf unser Solidarprinzip hinweisen und nicht immer Rankinglisten mit der günstigsten Krankenkasse veröffentlichen. Gott sei Dank haben wir es bei uns im Vorstand und mit dem Verwaltungsrat immer geschafft, trotz eines immensen Drucks vom Markt her, in betriebswirtschaftlicher Hinsicht Einigkeit zu erzielen und im Rahmen unserer Möglichkeiten die Versorgung zu verbessern.

Diese Gedanken gehen mir eben durch den Kopf, als ich auf das Ergebnis der heutigen Kontrolluntersuchung warte. Ob mich solche Gedanken auch nach dem 30. Juni noch beschäftigen, wenn ich aus dem Beruf ausgestiegen bin? Zumindest bin ich mir sicher, dass die Entscheidung, Mitte des Jahres aufzuhören, für mich persönlich richtig ist. Und jetzt, da ich diese schwere Erkrankung hinter mich gebracht habe, zweifle ich daran auch nicht.

Endlich werde ich aufgerufen. Eine junge Ärztin informiert mich über das Untersuchungsergebnis. „Das Meningeom ist nicht gewachsen. Es gibt keine Veränderung zur letzten Untersuchung", wird mir gesagt. „Dann sollten wir trotzdem heute bereits für Anfang Juli, wie abgesprochen, einen Operationstermin vereinbaren", bitte ich. Die Ärztin geht mit mir ins Büro von

Professor Meister, der die Operation durchführen wird. Dort sprechen wir ab, dass am 1. Juli die Voruntersuchungen stattfinden sollen und am 3. Juli operiert wird.

13. Mai

Da ich in München eine Woche Urlaub verbringe, habe ich für heute gleich noch einen Termin in der Onkologie zur Nachsorge bei Professor Pegel vereinbart. Dieser bestätigt mir: „Sie haben sich erfreulicherweise gut erholt und sind ja schon wieder voll berufstätig. Ihre aktuellen Laborwerte sind im Normbereich und klinisch findet sich kein Rezidivhinweis. Sie haben die Resektion des Meningeoms bei Professor Meister für den 3. Juli, also nach ihrer Pensionierung, bereits terminiert. Und erst nach dieser Operation und Erholung melden Sie sich hier wieder zur weiteren Nachsorge. Dann werden wir wieder eine Computertomografie durchführen." Wir diskutieren noch einige Zeit über die Gesundheitspolitik und dann ist auch dieser Termin schon erledigt. Ich gehe jetzt bei diesem schönen Wetter noch hinüber zum Max-Weber-Platz und suche mir ein Lokal, wo man draußen sitzen und etwas essen kann.

3. Juli

Heute habe ich meinen Operationstermin. Um zehn Uhr muss ich in der Klinik sein. Die letzten Wochen waren sehr intensiv. Es gab viele berufliche Termine und Vorbereitungen auf mein Berufsende am 30. Juni,

Abschiedsfeiern und Ehrungen und parallel dazu Tarif-verhandlungen, die ich für die Arbeitgeberseite noch-mals geführt habe. Das hatte zur Folge, dass ich wenig über die bevorstehende Operation nachgedacht habe. Auch das Problem mit der plötzlich auftretenden Müdigkeit hat sich etwas gebessert, auch wenn ich es noch nicht ganz los bin. Selbst die Gedanken an die Krebserkrankung und an die Therapie habe ich ganz weit zur Seite geschoben. Nur manchmal, in einer stillen Minute, überfallen mich diese Gedanken noch.

Das Prozedere der Voruntersuchungen habe ich vor zwei Tagen bereits hinter mich gebracht. Die Abläufe sind mir von den vergangenen Monaten her ja zur Genüge bekannt. Nur das notwendige Gespräch mit dem Anästhesisten kam diesmal noch dazu. Gestern hat sich dann alles geändert. Ich habe nur noch an die Operation gedacht, daran, dass mir der Schädel geöffnet wird, dass ich wieder einige Zeit für die Erholung benötigen werde, und ich habe darüber nachgedacht, ob ich Schmerzen spüren werde. Dabei ist mir noch einmal bewusst geworden, welches Glück ich hatte, dass das Meningeom überhaupt entdeckt wurde. Soweit ich inzwischen weiß, werden Meningeome meist erst dann entdeckt, wenn bereits neurologische Ausfälle zu ver-zeichnen sind. Und dann ist die Operation wesentlich schwieriger – ich Glückskind.

Nüchtern und in sommerlicher Kleidung bei diesem sonnigen heißen Wetter bin ich hier eingetroffen und musste mal wieder im Warteraum Platz nehmen. Und wieder mal höre ich das: „Kommen Sie bitte mit." Ich werde in ein Arztzimmer geführt. „Ziehen Sie bitte dieses Krankenhaushemd und diese Netzhose an. Ihre Sachen legen Sie bitte alle in diese Tüte. Es wird gleich ein Bett ins Zimmer geschoben. Auf das legen Sie sich. Dann werden Sie abgeholt und in den OP-Bereich gefahren“, heißt es.

Es geht über die Flure des Krankenhauses und dann in den Aufzug. Auf dem Bett liegend hat man einen besonderen Blickwinkel und wird von den vorbei gehenden Personen mitleidsvoll angesehen. Wir passieren mehrere automatische Schiebetüren und einige Personen, die in dieser typischen Krankenhauskluft um einen herumwuseln. Dann erfolgt die Verlagerung auf einen OP-Tisch. Das geht alles zügig und fast wie automatisch. Mir wird eine Maske auf das Gesicht gedrückt. „Atmen Sie das mal ein, dann werden Sie schnell einschlafen“, sagt jemand. Ich denke noch: Ich schlafe ja gar nicht ein, da reißt auch schon der Film …

Wo bin ich? – Ach egal, Augen wieder zu und weiterschlafen, oder doch mal ein Lid öffnen? Ach ja, ich bin am Kopf operiert worden. Und jetzt bin ich auf dieser Überwachungsstation. In dem großen Raum stehen um mich herum überall Betten mit Patienten, die teilweise schlafen und teilweise leise vor sich hin stöhnen. Der Raum hat keine Fenster und scheint klimatisiert zu sein. Überall blinken und piepsen Apparate vor sich hin. Auch einige Pfleger und Schwestern sind da. „So, guten Morgen, sind wir wieder wach?“, spricht mich eine Schwester an. Ich frage mich gerade noch, warum sagen die immer „wir“, wenn sie nur mich meinen, da bittet mich die Schwester: „Bewegen Sie bitte mal die Hände und Beine. Sehen Sie mal auf das Licht hier." Sie leuchtet mir mit einer Taschenlampe in die Augen. „Alles okay", sagt sie, „Sie sind jetzt auf der Überwachungsstation. Wie fühlen Sie sich?" „Gut", antworte ich und frage: „Wie spät ist es denn?" Sie sagt mir, dass es drei Uhr nachmittags sei und nach einem kurzen Gespräch erlaubt sie mir sogar, mit ihrem Telefon Moni anzurufen. „Hallo Moni, ich bin wieder wach und es ist alles okay. Ich bin auf der Überwachungsstation und bleibe hier noch bis morgen. Dann komme ich auf die Station." „Das gibt's doch nicht!", ruft Moni. „Bin ich froh, von dir zu hören. Ich habe dauernd an dich gedacht und mir Sorgen gemacht. Kann ich denn vorbeikommen und dich besuchen?" Ich nehme den Hörer zur Seite und frage die Schwester, ob hier auf der Überwachungsstation ein Besuch möglich ist. Sie sagt ja und erst jetzt sehe ich, dass schräg gegenüber ebenfalls ein Angehöriger bei einem Patienten sitzt. „Dann komme ich nachher gleich vorbei", sagt Moni.

Jetzt steht erst mal eine Begutachtung durch mich selbst an. Ich liege nackt unter der Decke, an den Füßen und an den Händen sind Nadeln gesetzt und Schläuche angeschlossen. Rechts hinter mir ist ein Monitor, der verschiedene Werte anzeigt. Davor steht ein Medikamentenständer, an dem verschiedene Infusionen hängen. Mir wurde ein Blasenkatheter gesetzt, was ich als unangenehm empfinde, da ich immer das Gefühl habe, die Blase drückt mich. Seitlich rechts von mir am Bett ist ein Kasten, der anscheinend zum Katheter gehört und von der Schwester immer wieder entleert wird. Mit einem Spiegel darf ich die verbundene OP-Narbe am Kopf betrachten. Ein dicker, ungefähr zwei Zentimeter breiter Verband geht von der Mitte des Kopfes zur rechten Seite und ist mit sechs Klammern auf den Kopf getackert. Aufstehen oder aufsetzen darf ich mich nicht, aber zumindest ein Glas Wasser bekomme ich ab und zu.

4. Juli

Im Bett geht es wieder über die Krankenhausflure. Ich werde von der Überwachungsstation auf die normale Station verlegt – endlich. Die Infusionen sind fort und ich hoffe, dass ich bald aufstehen darf. Moni war gestern noch da und hat mich besucht. Ansonsten konnte ich nur daliegen und warten. Und obwohl in der vergangenen Nacht nur noch vier Patienten auf der Überwachungsstation lagen, war an Schlaf bei mir nicht zu denken.

Ein Pfleger hat mir meine Sachen gebracht und alle Nadeln gezogen. Der Katheter ist ebenfalls weg. Mit meinem Aufstehen war der Pfleger nur unter der Bedingung seiner Begleitung einverstanden. Er hat mir dann einen Gehwagen gebracht. Mein Kreislauf ist jedoch stabil, und als er sah, dass ich gut zurechtkomme, durfte ich mich wieder allein bewegen.

Mein Zimmernachbar hat einen Hirntumor. Er ist bereits operiert worden, hat jedoch erhebliche Koordinations- und Sprachprobleme. Als ich vorher in das

Zimmer gebracht wurde, saß er auf einem speziellen Stuhl zwischen unseren Betten. Das Essen stand vor ihm, aber er kann sich nicht selbstständig bewegen. Und als eben seine Frau und seine Tochter kamen, hat er erst einmal den Urin laufen lassen. Die Tochter war ganz erschrocken, als alles über den Stuhl auf den Boden lief und seine Frau hat den Pfleger gerufen. Ich dachte mir: Oh, er will wohl hier sein Revier markieren. Doch dann dachte ich mir: Oh Gott, ein armer Kerl. Ich werde ihm helfen, so weit es mir möglich ist.

Eben bei der Visite hat sich der Arzt sehr zufrieden gezeigt und mir gesagt, dass ich die Chance habe, schon am Montag nach Hause entlassen zu werden. Na das ist doch wieder mal ein lohnendes Ziel.

6. Juli

Das Arztgespräch zur Entlassung steht an. Die letzten beiden Tage sind absolut komplikationslos verlaufen. Die Assistenzärztin hatte mich heute noch zur Kernspintomografie des Kopfes geschickt. Der Befund war in Ordnung, sodass ich in einem „klinisch stabilen Zustand" nach Hause entlassen werde. Am kommenden Freitag soll dann von der Hausärztin das „Klammerverschlussmaterial" entfernt werden.

10. Juli

Eben hat mir Frau Dr. Scheibner die Klammern aus dem Kopf entfernt. Zwölf Stück waren es. Und seitlich am Kopf saß auch noch eine. „Dort war das Operationstuch festgetackert“, wird mir erklärt. Es sah genauso aus, als hätte jemand Büroheftklammern in meinen Schädel getackert. Doch nun ist alles erledigt und erst in drei Monaten steht die Nachsorge an. Ich habe mich bereits gut erholt und denke, dass ich in Kürze wieder fit bin.

30. August

Es ist ein herrlicher Sommertag. Wir sind früh aufgestanden und losgefahren. Auf den Straßen ist noch wenig los. Achtzig Kilometer sind es bis zu unserem Ziel, einem kleinen Flughafen in der Nähe von Pfarrkirchen.

Fast ein Jahr ist es jetzt her, dass ich die Diagnose „Non-Hodgkin-Lymphom“ zum dritten Mal erhalten habe. Fast ein Jahr lang lief die Therapie. Immer wieder ging es damit auf und ab und zum Ende hin gab es dann noch eine neue Diagnose: „Meningeom“. Auf diese Operation folgte abermals eine Erholungsphase und dazwischen gab es immer wieder diese körperliche Schwäche und Müdigkeit. – All das liegt jetzt hinter mir.

Gestern habe ich mit Heinz telefoniert. Wir wollen uns in Kürze treffen. Es geht ihm gut. Er ist zurzeit in der Rehabilitation, um sich noch weiter zu erholen und an seiner Fitness zu arbeiten. Ich freue mich, dass es ihm gut geht und auf unser Wiedersehen außerhalb des Krankenzimmers.

Ich habe ebenfalls alles durchgestanden, bin wieder gesund und in das „normale" Leben eingetaucht. Inzwischen fühle ich mich nach viel sportlicher Bewegung und Jogging auch körperlich wieder fit.

Es ist soweit: Wir fliegen auf 4.000 Metern Höhe, die Seitentür des kleinen Flugzeugs steht schon offen. Mein Tandembegleiter klopft mir auf die Schulter, das bedeutet, Füße aus dem Flugzeug raushängen lassen. Es wird unheimlich laut, und ehe ich noch darüber nachdenken kann, sind wir bereits im freien Fall. Es ist ein erhabenes Gefühl mit ca. 200 km/h in Richtung Erde zu fliegen. Dann geht der Fallschirm auf und wir schweben. Ich genieße dieses unbezahlbar herrliche Gefühl, einen Fallschirmsprung absolvieren zu können. Damit ist für mich ein Traum in Erfüllung gegangen. Die Sonne scheint, die Welt unter mir ist so schön. Und in weniger als einer Woche geht es ins Cilento nach Italien in den Urlaub. Ich bin wieder gesund und glücklich.

* * *